きよかた　鏡花集きよかた

佐藤 康／山田 博志

フランス語の筆記

日本語からも学べる

早水社

まえがき

　魚にとっての水がそうであるように、人間にとってことば、とりわけ母語はものごころがついて以来、私たちの思考、感性にとって当たり前の環境になっているものでしょう。けれどもその当たり前のことが、べつの母語で育った人間にはけっして当たり前のことではないのだと知るのは、少し大きくなって外国語を学んでからのことです。

　この本は私たちの母語である日本語ならではの発想に目を向けたうえで、そこから振り返ってフランス語ならではの発想を学んでみようというものです。和文仏訳の練習問題のような体裁をしていますが、読者のみなさんに「問題を解きなさい」と迫るものでは毛頭ありません。ただ通読してもらうだけでも、日本語とフランス語の間を行き来する冒険を十分に楽しんでいただけるものと信じています。日本語とフランス語をくらべてみると、思わぬところで同じような発想がでてきて嬉しくなったり、あるいはあまりに異なる発想をするのでびっくりすることもあるでしょう。ことばが見せる、そんなひとつひとつの表情をできるだけていねいに拾ってみようと考えました。

　私はけっしてネイティヴ同様にフランス語を扱える人間ではありません。あらゆることを日本語から考える生粋の日本人です。だからこそ、この試行錯誤の旅のよき案内人たる資格があると自認しています。もちろん信頼のおけるネイティヴの力を借りました。ヤニック・ロンドレス氏とチェ・ヘミさんのおふたりにこの場を借りて感謝します。

　　2011年　春

　　　　　　　　　　　　　　　　　　　　　　　　佐　藤　　康

シリーズについて

　外国語を学ぶとき、「外国語の発想で考えなさい」と言われたことはありませんか。それも大切なことですが、「この日本語、どう訳したらいいのかな」と考えることも多いのではないでしょうか。でも、日本語から外国語に訳すとき、日本語のしくみをよく知らないのでは困りますね。たとえば、「あの人は、田中さんです」と「あの人が田中さんです」の違いを、あなたはうまく表現し分けられますか。母語である日本語のしくみ（文法）や発想を知らなければ、外国語で的を射た表現をするのは難しいのです。

　このシリーズは、日本語から外国語への橋渡しを意図して企画されました。まず、母語である日本語のしくみや発想をよく理解してもらうために、日本語の専門家である山田が日本語について解説をします。次に、それぞれの言語の専門家から、日本語の表現に合う外国語の表現を学びます。このような比較を通じて、日本語らしさとは、そして目標とする外国語らしさとは何かが、よりはっきりと見えてくるでしょう。

　さあ、日本語から始めてみましょう。そして、あなたの学ぼうとしている言語で、より正しく豊かな表現ができるようにしていきましょう。

2011年春　山田敏弘

目次

まえがき 3
シリーズについて 4

§1 「あの人は、田中さんです。」と
　　「あの人が田中さんです。」
　　「は」と「が」 ……………………………………8

§2 「お父さん、どこ行くの?」
　　「お父さんは会社に行くんだよ。」
　　代名詞と省略 ……………………………………14

§3 「それが使いにくかったら、
　　あのペンを使ってください。」
　　指示詞 ……………………………………………20

§4 「ひとつしか残っていなかった。」と
　　「ひとつだけ残っていた。」
　　とりたて助詞 ……………………………………26

コラム1　「の」の使い方 ……………………………32

§5 「ひとつも見つかりませんでした。」
　　否定の捉え方 ……………………………………34

§6 「ありがとうございました。」
　　「た」の働き ……………………………………40

§7 「愛しています。」
　　進行と結果状態の表現 …………………………46

§8 「見知らぬ人が話しかけてきた。」
方向性の表現 ……………………………………………………52

コラム2　オノマトペ(擬音語・擬態語) ……………………………58

§9 「ぼくたち、大きな魚に食べられちゃうよ。」
受身と使役 ………………………………………………………60

§10 「隣の部屋で一晩中騒がれて眠れなかった。」
被害の受身と恩恵表現 …………………………………………66

§11 「窓が開いた。」と「窓を開けた。」
自動詞と他動詞 …………………………………………………72

§12 「彼は泳げない。」
可能 ………………………………………………………………78

コラム3　名詞の性質 …………………………………………………84

§13 「あの人は嬉しそうだ。」
話し手の判断の表し方 …………………………………………86

§14 「少しゆっくり話してください。」
働きかけの表し方 ………………………………………………92

§15 「もっと勉強しなければいけない。」
義務・助言・許可の表現 ………………………………………98

§16 「おいしいステーキが食べたいなあ。」
意志・願望の表現 ……………………………………………104

コラム**4**　その「〜と思います」は必要ですか？ ………… 110

§**17**　「雨が降るから、傘を持っていきなさい。」
　　　　原因・理由と逆接の表現 ………………………………… 112

§**18**　「春になると花が咲く。」
　　　　条件と時間の表現 ……………………………………… 118

§**19**　「パリに着いた3日後、彼はローマに発った。」
　　　　名詞修飾表現1 ………………………………………… 124

§**20**　「仕事を終えた田中は、帰宅の途についた。」
　　　　名詞修飾表現2 ………………………………………… 130

コラム**5**　いろいろな意味をもつ「て」 ……………………… 136

§**21**　「先生がいらっしゃるので、玄関までお出迎えした。」
　　　　敬語と待遇表現 ………………………………………… 138

§**22**　「どちらへお出かけですか。」「ちょっとそこまで。」
　　　　応答表現 ………………………………………………… 144

§**23**　「おれは、行くぜ。」
　　　　終助詞 …………………………………………………… 150

§**24**　「彼女は、小鳥のように高い声をしている。」
　　　　ことばの技法 …………………………………………… 156

コラム**6**　社会的グループのことば ………………………… 162

設問一覧　164

§1 「あの人は、田中さんです。」と「あの人が田中さんです。」
"「は」と「が」"

「あの人は、田中さんです。」と「あの人が田中さんです。」2つの表現はよく似ていますが、言いたいことが微妙に違いますね。どちらの「あの人」も、「田中さんです」の主語であることには違いないのですが、「あの人は」と言った場合には、これに「あの人について話したい」という気持ち、すなわち、主題という捉え方が加わっているのです。

自己紹介をする場面を思い浮かべてみましょう。当然、「私」について、話し始めますね。そのときには、「私は～」と主題の「は」を使って話し始めます。「私」についての話を始めるのですから、「は」を使います。「くじらはほ乳類だ。」のように一般的に言う場合や、「月は地球の周りを回っている。」のように、みんながよく知っているものが主語になる場合には、この主題の「は」を使うのがふつうです。

「は」は、「～について話したい」という気持ちがあれば、(「何がどうした」や「何がどんなだ」の「何が」のような) 主語という働きがない場合にも使えます。

(1) (手にとって示しながら) この本は、去年、私が書きました。
(2) この本は、表紙の色がすてきです。

(1)は、「私がこの本を書いた」のですから、「この本は」は目的語です。(2)では、「この本の表紙の色」という関係が考えられます。「は」には、ほかに、レストランで注文を聞かれて「ぼくはハンバーグです。」という場合に使ったり、「このにおいは、だれかが近くでゴミを燃やしているな。」のように使ったりする使い方もあります。とにかく、「～について話したい」という気持ちがあれば「は」が使

えるのです。

では、「は」を使わないで「が」を使うのは、どんなときでしょうか。ここでは、代表的な2つの場合を見ておきましょう。

(3) あ、人が倒れている。
(4) 私が林です。

(3)のように、はじめて見て気付いたときには、「は」を使いません。「あ、雨が降っている。」「おっ、もうガソリンがない。」のように、気付いたばかりのことは、ふつう主語を「が」で表します。(4)は、だれかが林さんを探していて、その答えがほしい場合に使います。たとえば、次のような場合です。

(5) 「ここに林さんはいますか。」
    （手を挙げて）「私が林です。」

(5)の「が」は、「あなたが探しているのは、ほかの人ではありません。私ですよ。」という意味を含んでいます。なお、(5)は、「林は私です。」とも言えます。

このほかにも、「この本がほしい。」や「彼は、みかんがとても好きだ。」のように、「ほしい」「好きだ」「嫌いだ」などの目的語を表す場合に、「が」を使います。

Q 作文してみよう

① この本は、去年、私が書きました。
② この本は、表紙の色がすてきです。
③ あ、人が倒れている。
④ 「ここに林さんはいますか。」「私が林です。」

A 日本語の「〜は」や「〜が」のような助詞はフランス語にはありません。しかし、ある名詞が話し手と聞き手の間で了解がとれているか（「〜は」にあたります）、そうでないか（「〜が」にあたります）を示す役割は、フランス語では冠詞が担っているのです。

「〜は」のニュアンスは、La voiture est devant la maison.「車は家の前です」のように定冠詞を用いると出てきます。このことは定冠詞に限らず ma voiture「私の車」や cette voiture「その車」といった表現でも同じです。

「〜が」のニュアンスは、Une voiture est devant la maison.「車が家の前にあります」のように不定冠詞を用いると出てきます。voiture を了解がとれていないものとして示したことになります。il y a...「〜があります」を用いて、Il y a une voiture devant la maison. としてもそれは同じです。

さて、日本語の助詞が面白いのは、「は」や「が」が必ずしも主語を示すとはかぎらないことです。「映画は好きです」「映画が好きです」。いずれも主語ではなく、目的語を表すのに用いられています。フランス語にすれば、いずれも、J'aime le cinéma. です。こう考えると、日本語の助詞の不思議さに思わずため息をつきたくなります。

では実際の設問に沿って考えていきましょう。

① この本は、去年、私が書きました。

この文が言わんとする内容をまずはそのままフランス語にしてみましょう。J'ai écrit ce livre l'année dernière. となります。日本語では「この本は」ですが、ce livre は「この本を」という目的語のポジションにおさまっています。論理的にはそういうことです。しかし、このままでは、この本のことについて語りたいのだ、という気持ちがあまり伝わってきません。何かいい手はないでしょうか。

そこで、よく口語で用いられるのは、話題となっている要素を文の冒頭にポンと置いてしまう方法です。次の文になります。

Ce livre, je l'ai écrit l'année dernière.

こうすることによって、「この本」のことについて話をしたい、という話し手の心構えが伝わります。ところで、この文をもう一度よく見てください。je l'ai écritのl'のところに注目です。これがいちばん前に出したce livreの代わりとなる代名詞であることはよろしいですね。本来leだったものがエリズィヨンを起こしてl'となったものです。この代名詞はフランス語としては、どうしてもないといけません。ただce livreを前に出しただけでは構文が崩れてしまいます。フランス語には名詞が語尾変化を起こして主語や、目的語であることを示すしくみがありませんから、構文が崩れてしまっては意味がメチャメチャになってしまいます。あくまでもce livreを代名詞にして、きちんとそれが目的語であることを示すのが、フランス語の構文にはたらいている感覚です。

　では、今度はもう少し複雑な操作が必要な例をみてみましょう。

② この本は、表紙の色がすてきです。

　この文は「この本の表紙の色」がすてきだ、と考えると、ここでの「は」は「表紙」を限定する要素としてはたらいています。これを文字通りフランス語にすると、Les couleurs de couverture de ce livre sont jolies.「この本の表紙の色はすてきです」となります。しかしこれでは、冒頭からlivreまで続く主語が長すぎるので、文体的にあまりフランス語らしくありません。一般的にフランス語は文の始めのほうを軽くして、後ろへ行くほど長めの要素が出てくるというリズムを好みます。非人称主語のilを用いるさまざまな構文があるのも、そういう理由によります。

　そこで日本語の「は」が持っているニュアンスをあくまでも生かして、「この本は」が主語、「すてきだ」が述部という構造をきちんと守りたいと思います。Ce livre est joli.「この本はすてきだ」という文を基本にしましょう。そして「表紙の色が」という部分をこれに付け加えたいと思います。もちろん後ろへ伸ばしていきたいですね。前置詞のpourが「〜という点で」という意味で用いられることを利用して、Ce livre est joli pour ses couleurs de couverture.としたいところです。ほかにもgrâce à...「〜のおかげで」やpar「〜に

よって」も使えそうですが、ちょっと重くなってしまうのは避けられません。

そこで、発想を変えてみます。êtreを使うと重くなる構文がavoirを用いることですっきりすることがよくあります。

Ce livre a une jolie couleur de couverture.

つまり、「この本は表紙のきれいな色を持っている」という意味の文にするのです。

また、「色が」という部分を後ろから補足するという発想も捨てがたいです。

La couverture de ce livre est jolie pour ses couleurs.

この程度の長さの主語ならば気になりません。また形容詞をjoliでなく、agréable「あざやか」やvif「鮮烈な」に代えて色彩感を前面に押し出すことも考えられます。その場合、pour ses couleursは蛇足ということになります。

次は「が」です。

③ あ、人が倒れている。

まず、「あ、」は軽い驚きを示すTiens !くらいを文頭に置きましょう。あるいは簡単に、Oh !でもAh !でもかまいません。問題は「人が」というところです。これを文字通りの「人が」とか「人間が」というフランス語にすることには抵抗感があります。une personneでは「一人」という意味が前面に出てしまいますし、un hommeでは「男性」に限られてしまいます。むしろピッタリなのは「誰か」という意味のquelqu'unです。

Tiens ! Il y a quelqu'un qui est tombé !

先ほども述べたようにil y a...が了解がとれていないものを導くことを考えれば「人が」というニュアンスが強く出ていることが分かると思います。tombéはtomber「倒れる」の過去分詞。複合過去の形を作って、過去の出来事の結果が現在に及んでいることを表

しています。

また、qui est tombéに代えてpar terre「地面に」などを用いてもいいでしょう。

Tiens ! Il y a quelqu'un par terre.

では、最後に「は」と「が」の対立がはっきりする例を考えましょう。

④「ここに林さんはいますか。」「私が林です。」
「～さん」と日本語でついたら敬称が必要でしょうから、林さんは男性だと仮に設定します。前半の文は日常的に、

Monsieur Hayashi est là ?

という表現がよく用いられます。問題は後半のほうです。自分の名前を言う表現、Je m'appelle Hayashi. は、ここではお薦めできません。この文は「私は林です」という日本語に対応する文ではあっても、相手がすでに「林」という名前を情報として持っているけれども、それが誰なのかが分からない、というシチュエーションでは用いないのです。

なお、*Oui, je suis Hayashi. という表現もきわめて不自然です。しかし、日本文にはありませんが、文頭にOui, を補うのは自然だと思います。ここはひとつ単純に「私です」という意味の文にしたほうがいいでしょう。

Oui, c'est moi.

*Oui, Hayashi, c'est moi. という表現も不自然です。むしろ次のような表現が可能です。

Oui, me voilà.

ただし、これはそう言いつつ相手の目の前に登場する感じになりますからご注意。直接目的 + voilà という構文です。

§2 「お父さん、どこ行くの?」「お父さんは会社に行くんだよ。」

"代名詞と省略"

　日本語では、目の前にいる人にどこへ行くか尋ねたいとき、「あなたは、どこへ行きますか。」とは、あまり言いません。だれについて聞いているのかわかっていれば、主語を省略して「どこへ行きますか。」と聞けばいいからです。第三者について聞く場合も、指を指して「どこ行くの?」と聞けば、わざわざ主語を言わなくてもわかってもらえます。特に、「どこへいらっしゃるの?」のように、敬語を使えば、その分、主語を特定しやすくなることもあります。

　答える側も、「ちょっとコンビニまで。」と、主語や動詞を省略して言うこともしばしばです。もちろん、「私は、そこのコンビニまで行って来ます。」と言うこともできますが、わざわざ言えば強調しているようにも聞こえます。

　日常会話では、主語以外もよく省略されています。

(1)　(チョコレートを指して)いくつ食べる?
(2)　「お茶をいれてほしいなあ。」「自分でいれてよ。」

　(1)では「あなたはチョコレートを」という部分が省略されていますし、(2)では主語のほか、後ろの発言では「お茶を」も省略しています。このように、日本語は、その場面から理解できればあえて言わないことが多い、場面への依存度が高い言語なのです。

　文脈の中で省略されることもしばしばです。

(3)　昔、村はずれに、ひとりのきこりが住んでいました。そのきこりは、毎日、森へ木を切りに行きました。ある日、いつものように森へ行くと、大きな熊と出会いました。

　(3)では、最後の文の「森へ行く」と「熊と出会いました」の主語

が省略されていますが、前の文の主語の「きこり」だとわかりますね。同じ主語なら省略して文章を続けていくことも多いのです。

　もうひとつ、日本語には、「私」や「あなた」のような代名詞をあまり使わない理由があります。それは、代名詞の代わりに名前を使ったり自分の立場を表すことばを用いたりするからです。たとえば、父は自分の子に対して、「お父さん」ということばを、自分を指す代名詞の代わりによく使います。また、社長に向かって社員は、「社長」を代名詞代わりに使って話します。決して社長に向かって「あなたは」なんて言いません。

(4) （田中さんに向かって）これ、田中さんに差し上げます。
(5) 「お父さん、どこ行くの？」
　　「お父さんは会社に行くんだよ。」
(6) 「社長、社長はこのプランをどう思われますか。」

　家族では年下が年上の人か同等の人を指して言う場合、そしてその年下の人に対して話し手が自分自身を指して言う場合に、「お父さん」「お母さん」「お兄ちゃん」「お姉ちゃん」のようなことばを、代名詞の代わりに使います。会社などでは、地位が上の人を「あなた」などの代名詞で呼ぶ代わりに、(6)のように、その地位を用います。

Q 作文してみよう

① （チョコレートを指して）いくつ食べる？
② 「お茶をいれてほしいなあ。」「自分でいれてよ。」
③ （田中さんに向かって）これ、田中さんに差し上げます。
④ 社長、社長はこのプランをどう思われますか。

フランス語の「省略」について考えると、文豪バルザックが出版社と交わした有名な手紙のことを思い出します。バルザックが「？」と書いたら、出版社が「！」と返事したのです。本の売れ行きについてのやりとりです。

　ことばのやりとりには、お互いに分かっていることはいちいち言わない、という節約の法則がはたらいています。ですから主語や動詞がなくてもコミュニケーションに支障がない場合があります。

　　— Chez qui ?　　誰の家で？
　　— Chez Paul.　　ポールの家で。

　こんな会話はきわめて自然なやりとりです。とりわけ前置詞に導かれる要素は、それだけで独立して用いられることが頻繁にあります。
　しかしフランス語には、ひとたび動詞を用いると、命令文以外では必ず主語をセットにする強い傾向があります。Il va au grand magasin et il achète un sac.「彼はデパートに行って、鞄を買う」。日本語では「彼は...彼は...」と、主語を繰り返すとちょっとくどい感じでしょう。けれどもフランス語ではいちいち主語を繰り返すほうがふつうなのです。
　一方、Il danse et chante toute la nuit.「彼はひと晩じゅう踊り、歌う」のように主語が反復されない場合、いくつかの動作が一体のものとして強く意識されることになります。
　主語は原則的にいつでも必要です。

① （チョコレートを指して）いくつ食べる？
　フランス語では「食べる」のは誰か、主語をきちんと示す必要があります。「です」「ます」体ではありませんから、お互いに相手はtuで話していると考えましょう。「いくつ」は数量をたずねる疑問詞のcombienを用いましょう。

　Tu en manges combien ?
　Tu en veux combien ?

　動詞mangerは自動詞（目的語なしで用いる）としても、他動詞（目

的語つきで用いる）としても用いるので、必ずしも目的語を必要としませんが、ここでは「チョコレート」がやはり意識されています。ですからその目的語を代名詞の形で添えておくほうが文に落ち着きが出てきます。mangerの代わりにvouloirを用いても同じです。

　代名詞には数量表現がついている名詞の代わりとなるenを用います。J'ai reçu deux lettres. (= J'en ai reçu deux.)「私は手紙を2通受け取りました」という例をみてください。このとき、数量表現は後ろに残します。これは数詞だけでなくbeaucoupのような数量表現でも同じです。Je bois beaucoup de vin. (= J'en bois beaucoup.)「私はたくさんのワインを飲みます」です。

　同じような表現でも数量表現が使われていなければ、J'ai reçu la lettre de Paul. (= Je l'ai reçue.) というふうに、直接目的の代名詞を用いることになります。このときには前に出た直接目的に過去分詞が性数一致をしています（この一致はenについてはおこなわれません）。

　主語や目的語など、ひとつの動詞が要求する構文の形はなるべくきちんと守っていくのがフランス語のポリシーなのです。

②「お茶をいれてほしいなあ。」「自分でいれてよ。」

　これも、きちんと主語を明示する必要があります。前半の文ではお茶を「ほしい」のは「私」、でも、お茶をいれるのは「相手」という関係になっています。それぞれの主語をきちんと示すならば名詞節を用いた複文にしなければなりません。Je voudrais que tu fasses du thé. 後半の文も「いれてよ」というのは、そう願ってるのは「私」、「いれる」のは相手という関係になっている点では、先の文と同じように複文の論理で展開できます。Je voudrais que tu fasses du thé toi-même. けれども、これでは文が重すぎます。願望や依頼の表現として単純化するのがいいでしょう。pouvoir＋不定詞で依頼の表現を作ります。

　Tu peux me faire du thé ? — Tu peux en faire ?

　こうすると相手の動作を表すだけで済みます。

次はフランス語における名詞と代名詞の関係を考えましょう。「先生（＝私）があれほど言ったじゃないか！」という日本語のように、フランス語でも代名詞の代わりに名詞を用いるのでしょうか？

③（田中さんに向かって）これ、田中さんに差し上げます。

　田中さんに向かって、その人のことを「田中さん」と呼ぶこと（呼びかけではなく）が日本語にはありますが、フランス語にはふつうありません。「田中さん」のような固有名詞はもとより、「お父さん、どこ行くの？」といった例に見られる親族名称も、呼びかけとして用いるなら別ですが、通常は主語になりません。ただし、自分のことを指して「お父さんは会社に行くんだよ」と言う場合には、Ton père va au bureau. のように言うことはありますが、日本語でのように頻繁ではありません。

　「これ」はçaではちょっとくだけすぎなので、ceciを用います。

Monsieur Tanaka, je vous donne ceci.
Monsieur Tanaka, je voudrais vous offrir ceci.

　「田中さんに」は代名詞のvousにさしかえます。動詞はdonner「与える」かoffrir「贈る」です。

　しかしこれはあくまでも原則。場合によっては「田中さん」に向かって、Je donne ceci à Monsieur Tanaka. と言うことも稀にはあるでしょう。しかし、この文それ自体としては、どうしても「田中さん」が第三者的な存在、つまり目の前にいない人について話しているように読めてしまうのです。

　さらに、「贈り物」だということをはっきりさせるならば、comme cadeau「贈り物として」とつけ加えるか、あるいは次のようにしてもいいでしょう。

Monsieur Tanaka, c'est un cadeau pour vous.
　田中さん、これはあなたへの贈り物です。

　いずれにしても、Monsieur Tanakaを「呼びかけ」のために前に出して、それを代名詞vousで受けることになります。

④ 社長、社長はこのプランをどう思われますか。

　今度は相手の役職などをそのまま2人称の代名詞として用いるかどうかの問題です。結論から言えば、これも相当に不自然な言い方になってしまいます。やはり、vousという代名詞を主語にたてることが必要でしょう。「社長」はprésidentですが、呼びかけにはふつう使いません。むしろchefのほうが用いられます。

Chef, qu'est-ce que vous pensez de ce plan ?

　planはprojetにしてもいいでしょう。penser de...「〜について思う」という語法です。なお、この文をComment trouvez-vous ce projet ? としてしまうと、trouverは何かを体験したうえでの判断を聞く言い方ですから、意味がずれてしまいます。

　もう少し深く、日本語のニュアンスに迫ってみましょう。前の解答例に欠けているニュアンスがあるのです。それは部下が社長に聞いているという人間関係、つまり目上の人にうかがっている、というニュアンスです。これを出すために、たとえば「〜していいですか」という、許可を求める表現を用いてもいいでしょう。

Chef, puis-je avoir votre opinion sur ce projet ?
　社長、このプランについてのご意見をうかがいたいのですが。

　丁寧なニュアンスが出ます。動詞pouvoirは疑問文用の1人称単数形を持っていて、それがpuisという形です。Je peux...？という使い方も実際にはされていますが、正しい語法ではありません。pouvoirを条件法にしてje pourrais...とするとさらに丁寧になります。また、permettre「許可する」を用いてもいいでしょう。demander son avis「〜の意見を求める」を一緒に用いると自然です。

Chef, permettez-moi de demander votre avis sur ce projet.
　社長、この計画に関するご意見をお聞かせください。

　いずれにしても、フランス語では役職名を代名詞として用いることはありません。

§3 「それが使いにくかったら、あのペンを使ってください。」
"指示詞"

「それが使いにくかったら、あのペンを使ってください。」Aさんが Bさんにペンを渡しながらこう言ったとしたら、「それ（＝そのペン）」は、今、どこにあるでしょう。そうです。もう Bさんが手に持っているはずですね。もし、Aさんが持っていれば「これが使いにくかったら～」というはずです。このように、日本語では、話し手が手に持っているものや話し手の近くにあるものを「これ」や「この～」で示し、聞き手が手に持っているものや聞き手の近くにあるものを「それ」や「その～」で示します。

それでは、「あれ」や「あの～」は、どのようなものを指すのでしょうか。実は、話し手からも聞き手からも離れているものを指す場合に使います。上の例文で言えば、「あのペン」は、Aさん、Bさん、どちらも手に持っていない、たとえば、ちょっと離れた机の上にあるペンを指しています。もう少し例を見てみましょう。

(1) こちらは、山田さんです。
(2) きみたち、そこで遊んじゃだめだよ。あっちで遊びなさい。

(1)では、人を指して「こちら」と言っていますが、紹介している人の近くに「山田さん」がいます。(2)は、「きみたち」がいる場所を指して「そこ」と言っています。「あっち」とは、話し手も「きみたち」もいない離れた場所です。

話の中にだけ出てくる人や物を指す場合にも、このような指示詞を使いますが、使い方は、少し違います。

(3) 「蓄音機って知ってる？」「何、それ？」
(4) 「ビートルズのHELP!ってレコードを、まだ持ってるよ。」
　　「あれは、いいアルバムだよね。」

(3)のように、話し手が知らない場合には、「それ」や「その〜」などを使いますが、(4)のように共通に知っている場合には、「あれ」や「あの〜」などを使います。指そうとしている物の名前を忘れたときに、「昨日のあれ、できてる？」と「あれ」で聞くのは、聞き手が知っていると思っているからです。

「これ」や「この〜」などは、前に出てきた話全体または部分を指して、次のように使われます。

(5) **昨年一年間で円高が急激に進んだ。この影響で輸出企業が多数倒産した。**

(5)の「この〜」は、前の文の「昨年一年間で円高が急激に進んだ」こと全体を受けています。

日本語の「これ」「それ」「あれ」は、外国語の指示詞とぴったりとは対応しないことがあるので、注意が必要です。

Q 作文してみよう

① (ペンを渡して)それが使いにくかったら、あのペンを使って。
② 「蓄音機って知ってる？」「何、それ？」
③ 「ビートルズのHELP!ってレコードを、まだ持ってるよ。」
　「あれは、いいアルバムだよね。」
④ 昨年一年間で円高が急激に進んだ。この影響で輸出企業が多数倒産した。

A ひとつの物を指して「この〜」と示すのは指示形容詞 ce, (cet), cette, ces の役目です。フランス語の指示形容詞は日本語の「この」「その」「あの」のように、話し手や聞き手との距離が関係しているわけではありません。ですから、Ce voyage était agréable. は「この旅行」ではなくて、「あの旅行は楽しかった」と訳すほうがいいでしょう。動詞が半過去になっていることからも、すでに終わった「あの旅行」と考えるのが自然だからです。

ところで、指示形容詞には ce + 名詞 -ci, ce + 名詞 -là という用法があります。話し手に近いほうが -ci, 遠いほうが -là となります。これを用いるとかなり日本語の「この」「その」のちがいがフランス語で表現できるようになります。Donnez-moi ce stylo-ci.「このペンをください」、Donnez-moi ce stylo-là.「そのペンをください」。

ふたつのものがはっきりと対比される場合に用いることが多いようです。

① (ペンを渡して) それが使いにくかったら、あのペンを使って。

「使いにくい」という日本語は pas pratique「実用的でない」というフランス語で表してみます。文の前半がシンプルになります。「使う」は代名動詞の se servir de... あるいは単純に prendre を用いて表します。後半は pouvoir を使ってニュアンスを出しましょう。「それ」を c'est... で指して、「あの」を指示形容詞の ce で表現した場合です。

Si ce n'est pas pratique, tu peux te servir de ce stylo.
Si ce n'est pas pratique, tu peux prendre ce stylo.

もちろん、ふたつの stylo を -ci (あるいは -là) を用いて対立させることも可能です。

Si celui-ci n'est pas pratique, tu peux prendre ce stylo.

ここでは stylo が繰り返されるのを嫌って、片方に代名詞の celui (女性形なら celle) を用いました。これも -ci, -là を添えて用いることができます。どちらを celui にしてもかまいません。

Si ce stylo n'est pas pratique, tu peux prendre celui-là.

少し発想を変えていいなら「あのペン」をl'autreとしてもいいでしょう。..., tu peux te servir de l'autre. ここではl'autre styloのstyloが省略されていると考えてください。けれども「ほかのペン」という意味になってしまいますから「あのペン」というニュアンスとは少々ずれてしまいます。

② 「蓄音機って知ってる？」「何、それ？」

「蓄音器」というのは古い機械ですね。フランス語ではun phonographeと言います。動詞はsavoirを用いましょう。合わせてce que c'est「～とは何か」を用いるのが自然です。単に「蓄音機を知ってる？」だけでは設問の文意とズレてしまいます。

Un phonographe, tu sais ce que c'est ?

応答の「何、それ？」にはいろいろな言い方があります。

Qu'est-ce que c'est ?
Qu'est-ce que c'est que ça ?

やはり日本語の「これ」「それ」「あれ」という区別とは無関係にc'estやçaは何でも指してしまいます。一般的にはçaを入れたほうがc'estのみよりも、目の前にある何かを指して用いる傾向があるようです。あるいはもっとくだけて、C'est quoi ? でもかまいません。

「それ」という日本語をもっとはっきり示すためには、Qu'est-ce que c'est, cette chose-là ? としてもいいのですが、その場合には目の前に蓄音器そのものが、正体不明の物として存在しているニュアンスが出てきます。

③ 「ビートルズのHELP！ってレコードを、まだ持ってるよ。」
  「あれは、いいアルバムだよね。」
「レコード」はun disqueなのですが最近ではCD（disque

compact)と区別するために(disque) 33 toursと言ったりもします。ここでは単にdisqueとしておきましょう。前半の文はそれほど難しくはありません。

J'ai encore le disque de HELP ! des Beatles.

「ビートルズ」はles Beatlesなのでde + lesのdesが使われているのです。問題は後半のニュアンスをどう出すかです。

C'est un super album.

un bon albumよりもあえて強いことばを使ってみました。ロジックだけならば簡単にフランス語になります。日本語では「あれは」となっているところも、フランス語にしたらc'est... と言うほかありません。ひとつ面白いニュアンスを出せるのは、次の例でしょう。

C'est un bon album, ça.

このようにçaを用いるのです。文末のçaが話題を強調するとともに、話し手と聞き手で了解がとれた何かについて話しているのだ、というニュアンスが出てきます。苦肉の策ではありますが、何となく日本語の「あれ」に少し近づいたような気がします。

ここで使われている「あれ」が、話し手と聞き手がともに知っているものを示すというはたらきに着目すればこれはどうでしょう。

Tu sais, c'est un bon album.

もちろん、tu saisを文末に持ってきてもかまいません。相手に念を押す表現だとよく説明されて、「ねえ」などと訳されていますが、そもそもの語義からすれば、聞き手に対して、「いいですか」と説得をするときに使います。ただ、ここまでくると、少し外れたニュアンスが出てきてしまいます。

④ 昨年一年間で円高が急激に進んだ。この影響で輸出企業が多数倒産した。

まずは前半です。

Le yen est monté en flèche l'année dernière.

「円高が進む」という日本語は、フランス語では円がmonter「上昇する」と表します。ここでは複合過去にします。en flèche「急上昇」はこの文脈での決まり文句です。

後半ですが、もっとも直訳的に考えれば、「この影響が輸出企業に多くの倒産を引き起こした」という論理になります。「この影響」は関係代名詞のdontを用いて表現できます。次の文を見てください。

…, dont l'influence a provoqué un grand nombre de faillites aux exportateurs.

前の文の内容とinfluence「影響」の間にdeを介してつながりが生まれます。つまり、l'influence de cela,…という内容になります。関係詞節のなかの要素と先行詞をつなぐためにdeが必要なとき、dontという関係代名詞を用います。文を終わらせずに続けてしまいましょう。provoquer「誘発する」、faillite「倒産」、exportateur「輸出企業」です。

また、par conséquent「その結果」のような「結果」を表す表現をはさんで、「輸出企業が倒産した」という内容に続けることも可能です。

……, par conséquent un grand nombre d'exportateurs ont subi des faillites.

ここで使われている動詞はsubir「被害などを受ける」です。いずれにしても、日本語の「この影響」をフランス語でcette influenceとしても論理的につながらないことを心得ておいてください。cette influenceを使うためには、どういう「影響」なのかがすでに明らかになっていなければなりません。そうでなければ「そのことによる影響」という意味にはならないのです。

§4 「ひとつしか残っていなかった。」と「ひとつだけ残っていた。」

"とりたて助詞"

　日本語では、話し手ができごとに対してどのような捉え方をしているのかを、名詞などに付けるとりたて助詞と呼ばれる助詞によって表すことがあります。ここでは、「だけ」「こそ」「まで」「でも」を中心に見ていきましょう。

　「だけ」と「しか～ない」は、限定を表します。

(1)　**ケーキを買いに行ったら、ひとつだけ残っていた。**
(2)　**ケーキを買いに行ったが、ひとつしか残っていなかった。**

　同じ限定を表すといっても、その捉え方は少し違っています。「だけ」は肯定的に捉えていて、(1)では「ひとつ残っていた」ことで十分だと捉えているように感じますが、「しか～ない」は、否定的に捉えていて、(2)からは「足りない」という気持ちが強く伝わってきます。

　「お金さえあれば買えたのに。」のように、「ば」や「たら」の前にある「さえ」も限定です。また、「テレビばかり見ている」の「ばかり」のように、限定された同じできごとの繰り返しを表すとりたて助詞もあります。

　「他のものではない。これだ！」という際立たせを表すには、「こそ」を使います。

(3)　**きみこそ、我が社が求めていた人物だ。**

　「こそ」を使うと、「きみ」にぱっとスポットライトがあたったような印象を与えます。同じような際立たせ方は、「我が社が求めていたのは、きみのような人物だ」のように、「～のは、…だ。」という言い方でも表せます。

一例を示して他を暗示するとりたて助詞もあります。

⑷　宿題を忘れて、弟にまで笑われた。
⑸　こんな簡単な問題、小学生の弟でもわかるよ。

⑷の「まで」は、「弟」という極端な例を提示して、「みんなに笑われた」ということを示します。単なる「弟に笑われた」では表せない悔しさが、ここには出ています。⑸の「でも」も似ていて、「小学生の弟」がわかるのだから、皆がわかるということを言いたいのです。

数を表す語に付いて、それが多いと感じているか少ないと感じているかを表す、数量の捉え方に関する表現もあります。

⑹　10人も来た。
⑺　ざっと見ても100人はいるだろう。

「も」は数量を表す語と一緒に使うと、多いという気持ちを表します。「は」も⑺のような場合、「少なく見ても」という意味が加わります。

日本語のとりたて助詞は、ことばの裏を読ませる、小さなスパイスなのです。

Q 作文してみよう

① ケーキを買いに行ったが、ひとつしか残っていなかった。
② きみこそ、我が社が求めていた人物だ。
③ 宿題を忘れて、弟にまで笑われた。
④ 10人も来た。

A フランス語で「だけ」「しか」「こそ」「ほど」といったニュアンスを出すのは苦労がいります。まずは「だけ」「しか」について考えましょう。

「だけ」という制限を表すためにはne....queという構文が用いられます。

Je n'ai lu qu'un livre le mois dernier.
私は先月1冊しか本を読まなかった。

この文は「本1冊」に制限をかけているので、「しか〜でない」という否定的なニュアンスを持っています。これはseulement「〜だけ」を用いて、J'ai lu seulement un livre le mois dernier.としても変わりません。

同じ内容でも肯定的なニュアンスで「1冊だけ」という意味にするにはseulを用います。形容詞なので冠詞と名詞の間に入ってきます。

J'ai lu un seul livre le mois dernier.

まずはこのことをふまえて設問に取り組んでみましょう。

① ケーキを買いに行ったが、ひとつしか残っていなかった。

「ケーキを買いに行った」は次の文で決めてしまいましょう。

Je suis allé acheter des gâteaux, ...

後半の内容から考えるとケーキをいくつか買いに行ったと想像できますから、un gâteauではなくdes gâteauxを買いに行ったのですね。話し手の意識が複数形を要求しています。

さて、この文の前半の主語は「私」でしょう。けれども後半の主語は「ケーキ」ということになります。日本語は見事に主語を隠しています。幸いにも、フランス語には「〜がある」とか「〜が残っている」を表す非人称表現があるので形の上で、des gâteauxを主語に立てなくてもよくなります。それに頼らない手はありません。制限のne...queを用いましょう。「ケーキ屋には」という要素もつ

け加えたくなります。

..., mais il ne restait qu'un gâteau (à la pâtisserie).

gâteauを代名詞にしたいですね。

..., mais il n'en restait qu'un (à la pâtisserie).

ちなみに「ケーキがひとつだけ残っていた」という、むしろ肯定的なニュアンスを出すには..., il en restait un seul.とすればいいでしょう。これに par hasard「たまたま」とか heureusement「幸い」などという要素を加えたくなります。

ある数量を否定的にとらえるか肯定的にとらえるか、フランス語では「いくつかの、幾人かの」を表す quelques と plusieurs にその差が見てとれます。J'ai quelques amis à Paris.「私はパリに幾人かの友人がいる」、J'ai plusieurs amis à Paris.「私はパリに幾人もの友人がいる」。

② きみこそ、我が社が求めていた人物だ。

「きみこそ」の「こそ」はまさにフランス語の強調構文にぴったりです。友人同士の会話という感じがしないので、「きみ」はあえて vous とします。「求める」は「さがし求める」わけですから rechercher という動詞を用います。

C'est vous que notre entreprise recherche.

動詞についてはもう少し工夫してもいいでしょう。avoir besoin de「必要としている」などを用いたほうがシャープです。その場合、強調構文は c'est...dont の形になります。

C'est vous dont notre entreprise a besoin.

いずれにしても「人物」という部分が抜け落ちてしまいますが、これを入れると構文が変わります。

La personne dont notre entreprise a besoin, c'est vous.

どちらの文もc'est...がvousを導いていることに注意してください。そうすることでvousに「スポットライトがあたる」感じが出てきます。これが「こそ」のニュアンスをうまく出しています。

③ 宿題を忘れて、弟にまで笑われた。

「～にまで」のニュアンスを出すのに便利なフランス語はmêmeです。「～にまで」「～にさえ」というニュアンスも出せます。mêmeの有無で比べてみてください。Il a invité son ex-femme.「彼は前の妻を招待した」。Il a même invité son ex-femme.「彼は前の妻まで（＝さえ）招待した」。mêmeが加わったことでニュアンスがずいぶん変わってきます。

「忘れる」oublier、「宿題」devoirs、「笑われる」は「バカにする」と同じですからse moquer de...という表現を用います。

Comme j'ai oublié mes devoirs, même mon frère s'est moqué de moi.

mêmeには上のように名詞にかかる形容詞としてだけでなく、動詞にかかる副詞としての用法もあります。

Je n'ai pas parlé de cela même à ma femme.
私はそれを妻にも話していない。

さて、与えられた③の文に戻りましょう。前半と後半が原因と結果の関係になっています。理由を表す方法はいろいろありますが、ここではcommeを用います。

ところで、よく考えてみれば「弟にまで」ということは、他の人からも笑われたわけです。そういうニュアンスを出したいのならば、後半の主語にはフランス語ならではの、不特定な人々を表す主語onが使えるでしょう。そして、même mon frèreという部分をつけ加えればよいということになります。

Comme j'ai oublié mes devoirs, on s'est moqué de moi, même mon frère.

④ 10人も来た。

　これは、10人という数が「多い」というニュアンスを出しているわけですね。「10人も」というニュアンスを出すフランス語は存在しません。お手上げです。こうするしか手はありません。

Dix personnes sont venues.

　もちろん多少の解釈を加えて工夫をすることはできます。

　たとえば、この「も」には話し手の満足感がこもっていると解釈すれば、「幸い」という副詞をつけて、Heureusement, dix personnes sont venues. あるいは逆に、話し手の不満がこもっていると解釈すれば、「不幸にも」という副詞をつけて、Malheureusement, dix personnes sont venues. などと表すことができます。

　これに対して「10人は来た」というニュアンスを出すためのフランス語はいろいろあります。これを「少なくとも」という意味に言いかえれば、

On était au moins dix personnes.

がすぐに思い浮かびます。さらには次の文でも同じ意味が出せます。

Il y avait une bonne dizaine de personnes.

　ちょっと発想を変えましょう。「10人も来た」という文で、「来た」というところにではなく、「10」という数そのものにスポットを当てることはできるでしょうか。できないわけではないのです。たとえば dix（「10」）を文末に持ってくることで、そこに焦点が当たるようにすればいいのです。

Ils sont venus à dix !

　主語に代名詞の ils を立てるところがポイントです。感嘆文にして表情をつけたせいもあるのですが、「10人も来た」という日本語のニュアンスがかなり出ています。

コラム 1

「の」の使い方

　日本語では、「田中さんの本」「田中さんのお母さん」「田中さんの会社」のような所有や帰属関係を、「の」を使って表します。所在地を表す「大阪の大学」などを含め、広い意味で関係性があるということを表すのが「の」の基本的な使い方です。このような表現は、フランス語ではどうなりますか。

　「大阪大学」と「大阪の大学」のように、「の」があるかないかで意味が違う場合もあります。反面、「大阪の名物」は「大阪名物」と言っても同じ意味になります。フランス語では、このように、「の」に当たることばを使うときと使わないときはありますか。もしあるのなら、それは日本語とどう違いますか。

　「の」は、解釈が紛らわしい場合もあります。「田中さんの絵」はどういう意味になるでしょうか。「田中さんが描いた絵」「田中さんを描いた絵」「田中さんが持っている絵」などの解釈が考えられます。このように、日本語では、「の」の解釈を文脈に委ねる場合もあります。フランス語ではどうでしょうか。

　教えてください。

フランス語では、基本的には「の」を表すためには英語のofと同じようなはたらきをするdeが用いられます。「田中さんの本」はle livre de Monsieur Tanakaです。しかし日本語では「〜の」と訳せてもフランス語ではdeが用いられないケースもかなり多いのです。

たとえば「私は大阪大学の学生です」は次のようになります。

Je suis étudiant à l'Université d'Osaka.

また、「大阪の大学の学生」ならば、

Je suis étudiant à Osaka.

でいいでしょう。いずれも「の」なのにdeではなくàが用いられています。このほか「所有」を表すためにもàが用いられることは頻繁にあります。

Ce stylo est à moi. この万年筆は私のです。

これは、所有形容詞を用いた、C'est mon stylo.と同じ意味です。
「〜が入っている」という意味に用いるàも注意が必要です。「チョコレート・ケーキ」は「チョコレートのケーキ」という意味ですが、フランス語ではgâteau au chocolatですね。また、値段の違うものが何種類かあるものを指して、たとえば「1ユーロの切手」はフランス語ではun timbre à 1 euroと言います。

「の」にあたる前置詞が省かれる場合もないわけではありません。たとえばdemain soir「明日の晩」のような語法がそれにあたります。しかしながらこうした例はフランス語全体の傾向から言えばきわめて例外的です。「コーヒー・カップ」のように名詞をつなげて名詞にしてしまうようなことはまずなく、tasse à caféのように必ず前置詞をはさんでつないでいく傾向が強いと言えます。

最後に le tableau de Monsieur Tanaka「田中さんの絵」についてお答えしましょう。これについてはフランス語も日本語と同じように、さまざまな意味に解釈することが可能です。もっぱら文脈に頼るしかありません。

§5 「ひとつも見つかりませんでした。」
"否定の捉え方"

　否定とは、「食べる」に対する「食べない」や、「寒い」に対する「寒くない」のように、「食べる」や「寒い」という事態が成立しないという意味を表す表現です。多くは「ない」(丁寧な場合には「ません」や「ないです」) を使って表されます。

(1)　彼は、鶏肉は食べるが、豚肉は食べない。
(2)　家の中はそれほど寒くない。

　日本語では、数量の０は、否定です。コンピュータの検索結果で、「該当する０個の項目が見つかりました。」と言うよりも、「該当する項目は、ひとつも見つかりませんでした。」と否定で言うのが自然です。ほかに、「現実的だ」の否定を「非現実的だ」と「非」のようなことばを前に付けて表すこともあります。

　日本語では、否定疑問に対し否定で答えるときに、「はい」で答えます。

(3)　「田中さんを見なかった？」「はい、見ませんでした。」

　また、否定疑問は、肯定を前提としているので、肯定疑問より丁寧に聞こえたり、逆に話し手の意見を押しつけるように感じたりすることがあります。

(4)　これについて、何か質問はありませんか。
(5)　この服、安いと思わない？

　(4)は、「質問はありますか。」よりも丁寧な質問として答えやすいでしょう。(5)は、「安いと思う？」が純粋に問うているのに対し、話し手が「安い」と思っていると主張しながら質問しているように

感じられます。

全部否定する場合と部分的に否定する場合の区別も重要です。

(6) **全員は答えられなかった。**
(7) **悲しいから泣いているんじゃありません。嬉しいんです。**

(6)は、「全員ではないが、何人かは答えられた。」と、部分的に否定する表現です。「全員答えられなかった。」とは意味が違います。(7)のように「悲しいから泣いている」全体を否定したい場合には、「泣いているんじゃない」とします。「泣いていない」とすると、「泣いていない」の原因が「悲しいから」という意味になり、つじつまが合いません。

日本語では、否定を使ったほうが自然であると感じることもあります。有名な格言の「ナポリを見て死ね。」は、似た意味の「日光を見ずして結構と言うな。」のように否定で言ったほうがわかりやすいですね。日本語は、よく否定を使う言語なのです。

Q 作文してみよう

① （コンピュータの検索結果）該当する項目は、ひとつも見つかりませんでした。
② 「田中さんを見なかった？」「はい、見ませんでした。」
③ 全員は答えられなかった。
④ 悲しいから泣いているんじゃありません。嬉しいんです。

数量ゼロに対してフランス語はどのような表現をとるのでしょう。フランス語には英語の*nothing*にあたるrien、*nobody*にあたるpersonneがたしかにあるのですが、いずれも単独で用いる場合よりも、ne...rien, ne...personneの形で、つまり否定文のパターンのなかで用いるほうが一般的です。Je n'ai rien trouvé.「私は何も見つけなかった」、Je n'ai vu personne.「私は誰も見なかった」。それぞれrienやpersonneの位置に注意しましょう。rienは過去分詞の前に、personneは過去分詞の後ろに置きます。また、rienやpersonneは主語としても用いられますが、やはりneを伴うことが多くなります。Rien n'est arrivé hier soir.「ゆうべは何も起こらなかった」、Personne n'est venu hier.「きのうは誰も来なかった」。

　「ひとつも」というニュアンスを出すaucun (aucune)もやはり、否定文の形で用いられます。Je n'ai lu aucun livre le mois dernier.「先月は1冊も本を読まなかった」。aucun＋名詞は主語としても用いることができます。Aucun professeur ne peut répondre à cette question.「いかなる先生もこの質問には答えられない」。

　このaucunを用いるのが①の設問です。

① （コンピュータの検索結果）該当する項目は、ひとつも見つかりませんでした。

　インターネットの検索サイトでよく見かける表現ですね。フランスのサイトではこういう表現を用いています。

Aucun document ne correspond aux termes de recherches spécifiés. いかなるドキュメントも、当該の検索ワードに対応しません。

　名詞のdocumentが主語になっています。べつの表現もあります。

Nous n'avons trouvé aucun résultat pour la recherche.
我々は検索に対していかなる結果をも見つけられませんでした。

　これは主語をnousにしています。人称代名詞を主語に立てたほうが文がすっきりしますね。

　この文を少し発展させましょう。aucunを用いないでシンプルに

「見つけられなかった」という意味のフランス語にします。

Nous n'avons pas trouvé de résultat pour la recherche.

ここでde résultatのdeに注目しましょう。これは数量ゼロを表す冠詞です。数量ゼロのニュアンスで、不定冠詞や部分冠詞のかわりに用いられます。

ところで、こういう表現も可能なのをご存じでしたか？

Nous n'avons pas trouvé un seul résultat pour la recherche.

本来、数量ゼロのdeを用いるべきところにun seulが用いられています。これもまたaucunと同じように「ひとつも」というニュアンスを出す表現になるのです。

次に、ちょっと変わった否定について考えてみましょう。

② 「田中さんを見なかった？」「はい、見ませんでした。」

「田中さんを見た？」と「田中さんを見なかった？」とではどうニュアンスがちがうのでしょう。「見なかった？」のなかの否定には、丁寧あるいは話し手の意見の押しつけのようなニュアンスがこめられています。つまり、言わんとしていることは「見た？」という肯定形と変わりがないのです。フランス語ではシンプルに次のようになります。「田中さん」は男性としておきます。

Vous avez vu Monsieur Tanaka ?
Vous n'avez pas vu Monsieur Tanaka ?

日本語にふくまれているニュアンスの差はそのままフランス語にも反映されています。上の2つめの文は、相手が田中さんを見たことを前提にしてたずねていることになります。問題は返事のほうです。肯定文に対する場合と、否定文に対する場合では反応のしかたがちがいます。肯定疑問文に対する応答は次のようになります。

Vous avez vu Monsieur Tanaka ?
— Oui, je l'ai vu. ／— Non, je ne l'ai pas vu.

これに対し、否定疑問文に対する応答は次のようになります。

Vous n'avez pas vu Monsieur Tanaka ?
— Si, je l'ai vu. ／— Non, je ne l'ai pas vu.

日本語の「はい」「いいえ」が相手の言ったことに対する承認、否認であるのに対して、フランス語はあくまでも肯定の意味の返事にはoui（あるいはsi）を、否定の意味の返事にはnonを用います。siは相手が述べた否定をさらに否定する、つまり肯定に戻す返事に用いられる強いことばです。

ところで、否定の表現は文全体を否定するとはかぎらない場合があります。

③ 全員は答えられなかった。

「全員は答えられなかった」と「全員が答えられなかった」の差をフランス語で表現しましょう。前者は部分否定、後者は全体否定と呼ばれます。

Tout le monde n'a pas pu répondre.

これは部分否定、全体否定どちらの意味にも取れるような気がしますが、フランス語では部分否定の表現と定まっています。否定とともに用いられるtoutは部分否定となることを覚えておいてください。このことは次の例でも同様です。

Tous les élèves n'ont pas pu répondre.
生徒全員が答えられたわけではなかった。
On n'a pas tous pu répondre. 全員が答えられたわけではなかった。

もっと部分否定のニュアンスをはっきり出そうとするならば、幾人かが答えられなかったのだと解釈して、Certains n'ont pas pu répondre.としてもいいでしょう。tout le monde「全員」は単数として扱いますが、certains「幾人か」は複数として扱います。

それでは全体否定のニュアンスにするためにはどうしたらいいでしょう。Aucune personne n'a pas pu répondre.「いかなる人も答

えられなかった」。Personne n'a pas pu répondre.「誰も答えられなかった」というふうに「いかなる人も」「誰も」という主語を用いて表現することになります。また、toutやtousを用いてもpas du toutとともに用いると全体否定のニュアンスが出てきます。Tout le monde n'a pas du tout été capable de répondre.「全員が全然、答えられなかった」。また、onではなく主語にilsを使うと、全体否定のニュアンスが出てきます。

Ils n'ont pas tous su répondre.
Ils ont tous été incapable de répondre.

suはsavoirの過去分詞です。savoir + 不定詞で「〜できる能力がある」という意味を作っています。

否定が文の中の一部分にしかおよばない場合もあります。

④ 悲しいから泣いているんじゃありません。嬉しいんです。

「泣いていない」のではありません。「泣いている」理由が「悲しい」からではなく、「嬉しい」からなのだ、という意味の文ですね。「泣く」はpleurerです。「悲しい」は素直にtristeとしておきましょう。その反対語「嬉しい」はheureuxです。女性形にする必要があればheureuseという変化になります。

Je ne pleure pas parce que je suis triste, parce que je suis heureux.

とすれば、否定の表現はparce que以下に対する事柄に制限されます。泣いている理由がparce que...以下のことではない、という意味になるのです。理由を明示するためにparce queを反復しています。

少々口語的な例も。

Je pleure, ce n'est pas parce que je suis triste, mais ravi.

raviはheureuxよりも強い喜びを表しています。

§6 「ありがとうございました。」
"「た」の働き"

「た」は、基本的に過去と完了を表します。

(1) 昨日は、5時に起き<u>た</u>。
(2) 彼は、もう起き<u>た</u>？

(1)のように、影響が現在に及んでおらず現在から切り離すことのできる一時点に生じたできごとを示すのが過去です。一方、(2)のように現在まで影響（この場合、「もう起きている」こと）が続いているできごとを完了と考えます。完了の「た」は、多く「もう〜た」あるいは「すでに〜た」という形を取ります。

否定文になると、過去は「た」のままですが、完了は「た」を使いません。

(3) 昨日は、5時に起き<u>なかった</u>。（いつもは5時に起きるのだけれど）
(4) 彼は、まだ起きて<u>きていない</u>。

日本語では、古典の時代に完了を表していた「たり」が、過去も完了も表すようになり現在に至っているため、過去と完了の区別があいまいなのです。

日本語の「た」には、一見すると、なぜここで過去や完了と捉えなければならないか、説明しにくいものもいくらかあります。

(5) ぼくの傘、ここにあっ<u>た</u>！
(6) ありがとうございまし<u>た</u>。

(5)や「バス、来たよ。」にしても、考えてみれば、傘は今目の前にあるわけですし、バスにしてもまだ来ていません。できごとは、

まだ過去になっていませんし、完了もしていません。なぜ「た」を使うかと言えば、それは、認識が成立したことを表しているからです。(6)や、結婚式の後の「おめでとうございました」は、感謝や祝意といった気持ちは持続しているのですが、その対象となるできごとが終了したという認識があり、「た」を使っています。

一方で、日本語の小説を読んでいると、過去なのに「た」を使っていないことに気付くこともあります。日本語では、文末で時間を表すため、すべての文が「た」で終わると単調さを覚えてしまいます。そこで、「でした」や「ていました」を「です」や「ています」にすることもあるのです。日本語には、日本語の「た」の使い方があるのです。

注意したいのは、「前」や「後」などの直前の「た」の使い方です。

(7) 彼が来る前から、外に出て待っていた。
(8) もうすぐ彼が来るはずだから、彼が来た後で乾杯をしよう。

(7)は、「彼が来た」のも過去ですから、「今」を基準にすれば過去の「た」を使うはずです。しかし、日本語では、「彼が来た前から」とは言いません。「外に出て待っていた」時点で「彼はまだ来ていない」ため、「た」を使わないのです。逆に、(8)では、「乾杯する」時点で彼はもう来ているため、未来でも「た」を使います。日本語は、2つのできごとの相対的な時間の前後関係で、「前」や「後」などの直前に「た」を使うかどうかを決める言語なのです。

Q 作文してみよう

① 昨日は、5時に起きた。今朝も5時に起きたから、まだ眠い。
② 彼は、まだ起きてきていない。
③ ぼくの傘、ここにあった！
④ 彼が来る前から、外に出て待っていた。

A 日本語の「過去」と「完了」があいまいだという話がありました。けれどもフランス語もavoirと過去分詞を組み合わせる複合過去という時制が、本来は「完了」を表す時制であるにもかかわらず、一般的に「過去」を表す時制として用いられていることを考えると、不思議な気がします。J'ai acheté un livre.「私は本を買った」というのは「過去」の動作を表していますが、同じ複合過去を用いた文でも、J'ai grossi.「私は太った」というのは明らかに現在の状態を「完了」として表しています。やはりフランス語でも「過去」と「完了」はあいまいなのです。

では、この文は現在の状態のことを表しているのかというと、そうではありません。Il est gros.「彼は太っている」という、現在形を用いて今の状態を述べた文とならべてみると、やはりJ'ai grossi. が過去の結果が現在に及んでいることを表しているのは一目瞭然です。

まずは、過去と現在が明瞭に分かれている例から考えましょう。

① 昨日は、5時に起きた。今朝も5時に起きたから、まだ眠い。

さて、「昨日5時に起きた」というのは複合過去で表せます。代名動詞 se lever「起きる」を複合過去で用います。代名動詞の複合過去に用いる助動詞はêtreでしたね。

Hier, je me suis levé à 5 heures.

複合過去は、連続して用いると起こった出来事を、起こった順番通りに表す性質を持っています。次の例を見てください。

Il a lu une lettre qu'il a déchirée.「彼は手紙を読むと、それを破った」。関係代名詞を用いていても、複合過去が続いている場合、出来事は前から順に起こります。「破った手紙を読む」わけではありません。もし、そういう意味にしたいときは後半を大過去という時制にします。Il a lu une lettre qu'il avait déchirée.「彼は破った手紙を読んだ」。

設問に戻りましょう。続く文も複合過去で表現できます。

Ce matin aussi, je me suis levé à 5 heures,...

そして、「まだ眠い」というのは「現在」の状態のことなので、これは現在形で表現することになります。

..., j'ai encore sommeil.

「眠い」はavoir sommeilという熟語で表現します。理由のcommeもはさんで、全体をまとめます。

Hier, je me suis levé à 5 heures. Et comme ce matin aussi je me suis levé à 5 heures, j'ai encore sommeil.

② 彼は、まだ起きてきていない。

日本語の「～していない」という表現はフランス語とくらべると、面白い問題が出てきます。もっとシンプルな例で説明しましょう。Il est venu？「彼は来た？」という質問に対する答えを考えてみましょう。「来ていないよ」という返事は、Non, il n'est pas (encore) venu. となります。日本語では「現在」のことを言っているのですが、フランス語では複合過去が用いられています。なら、もうちょっと彼を待っていましょう、ということになります。

しかし、もしも、このときにフランス語の現在形で、Non, il ne vient pas. と答えたらどういう意味になるでしょう。これは「いや、彼は来ないよ」という「未来」を言ったことになってしまいます。もう彼を待っていてもしょうがないのです。ここから考えれば、「起きてきていない」というのも、複合過去を用いるのがよさそうですね。

Il ne s'est pas encore levé.

もしもこれを、Il ne se lève pas. というふうに現在形にすると、「彼は起きない」、つまり現在の状態というより、今後のことを言っているように受けとめられてしまいます。一般に現在形という時制が、現在の時点から未来に向けて何かを言うためのものであることを覚えておいてください。

別の動詞を使って発想を変えることも可能です。たとえば、

Il reste encore au lit.	彼はまだベッドにいる。
Il est encore couché.	彼はまだ寝ている。

というように、この設問の内容は動詞を変えて、出来事を肯定的にとらえるほうが自然な感じがします。

では次に日本語の「た」がフランス語でどのように考えられるのか見てみましょう。

③ ぼくの傘、ここにあった！

事実としては「ここにある」のに、認識が成立したこと自体を言いたいがために「あった」となる例ですね。これが「完了」になる例はフランス語ではまずないのではないでしょうか。

Le voilà, mon parapluie !

こんな表現がすぐに思い浮かびます。これは「直接目的の代名詞 + voilà」という表現で、代名詞の表すものが不意に目の前に現れたニュアンスを出すのによく使われます。Ah, te voilà.「ああ、君そこにいたのか」のようにも用いられます。

être là という表現を用いてもいいでしょう。ただし、この設問の場合、傘が今までここにあった、という状態を述べることに話者の関心はあるように思われますから、時制は半過去が適切です。

Mon parapluie, il était là !

「傘」を主語にすれば複合過去にはなりませんが、「私」が「見つけた」というような構文を使うならばそのかぎりではありません。

J'ai retrouvé mon parapluie ici.

複合過去と半過去のちがいはなかなか分かりにくいものです。とりわけ日本語からフランス語の作文をするときに、日本語として表された内容が複合過去になるのか、半過去になるのか、判断がつかないことがあります。フランス語を使う人の意識しだいで決定される要素もありますから、一定の基準があるわけではありません。

④ 彼が来る前から、外に出て待っていた。

「来る」という現在の表現になっていますが、現在のことを表しているわけではありません。日本語にとらわれずに出来事の時間の順番をしっかりと分析しましょう。

まず、私は「外で待って」いました(「出て」という行為はdehors「外で」という副詞を用いて処理します)。そこへ「彼が来る」という行為が起こります。待っていた、という状態の途中で「彼が来る」というアクションが起こります。そう考えれば「待っている」という行為は半過去で表すべきでしょう。Je l'attendais...という形になります。「～する前」avant que + 接続法を用いるのがいいでしょう。この接続法は接続法現在を用います。

Je l'attendais dehors avant qu'il n'arrive.

主節を複合過去にしても誤りではありません。待った、という行為により強い焦点が当たります。この場合「～する前」というよりは「～するまで」というニュアンスが強くなるのでen attendant que + 接続法を用います。

Je l'ai attendu dehors en attendant qu'il arrive.

複合過去と半過去の使い分けについて、もう少し分かりやすい例を挙げておきましょう。

「私が朝起きたら、晴れていた」という文をフランス語の表現にしてみましょう。「起きる」という行為は一回のアクションですから複合過去で表現されます。それに対して「晴れている」という事柄は、私が起きる前からそうだったし、起きてからもそうあり続けた事柄ですから、「その時の状態」を表す半過去になります。

Quand je me suis levé, il faisait beau.

この文の後半を複合過去にしてしまうと、「起きる」と「晴れる」が順番に起きたことになってしまいます。

§7 「愛しています。」
"進行と結果状態の表現"

　日本語では、できごとが続いているという意味（進行）を、「〜ている」を使って表します。

(1)　グラウンドで彼が走っている。
(2)　愛しています。

(2)のように、英語では-ingを使わない、「愛している」「住んでいる」「持っている」も、日本語では「ている」を使って表します。
　「〜ている」には、進行のほか、次のような用法もあります。

(3)　彼は、毎週、テニス教室に通っている。
(4)　あれ、窓が開いている。
(5)　彼は、二度、北海道に行っている。

　(3)は、毎週繰り返される動作を、進行のように捉えて「〜ている」を使っています。一方、(4)は、「開く」という変化の結果生じた状態を「開いている」で表しています。「車にひかれたのかカエルが死んでいる」や「この機械は壊れている」のような場合も同様です。日本語で「今、北海道に行っている」というのは、「北海道に行って、そこにいる」という意味です。ただ、(5)のように、回数を表す語とともに用いれば、人などの経験・経歴を表します。これは、「行ったことがある」と似た意味をもっています。
　進行と似た意味をもっているのが、「〜つつある」や「〜続ける」です。

(6)　地球温暖化が進む中、氷河が少しずつ溶けつつある。
(7)　会議が終わっても、彼らは議論をし続けた。

「溶けている」というと、溶けた結果生じた状態という意味になってしまいます。このような場合、「〜つつある」を用いて変化の進行を表すことがあります。ただし、「走りつつある」と言えば、まだ走っていないけれど走り出しそうな兆候が見られるという意味になります。

結果が残っているという場合、(4)のように「〜ている」を使う代わりに「〜てある」を使うこともあります。

(8) 換気のために窓が開け<u>てある</u>。

「〜てある」は、誰かが意図的におこなった動作の結果が残っていることを表します。単に「開いている」というよりも、「誰かがわざわざそうした」という意味が加わっています。このように、結果が残っていることを表す場合、(4)の「開く」のような自動詞には「〜ている」を付け、(8)の「開ける」のような他動詞には「〜てある」を付けるのが基本です。

Q 作文してみよう

① 愛しています。
② 彼は、二度、北海道に行っている。
③ 地球温暖化が進む中、氷河が少しずつ溶けつつある。
④ 「あれ、窓が開いている。」「換気のために開けてあるんだよ。」

A 「ている」には進行中の事柄を表すはたらきがありますが、フランス語の動詞には「進行形」という特別な形はありません。今起こりつつあることも、現在形のままで表現します。être en train de...「まさに〜している」という熟語もありますが、それほど頻繁に用いられるわけではありません。Il déjeune.「彼は昼食を食べています」と言えば、今していることを表しますが、Il déjeune à 1 heure.「彼は1時に昼食を食べます」と言うと、いつもの習慣、あるいは予定を表していると考えるのがふつうです。どちらの用法なのかは文脈で判断するしかありません。この文も「食べています」と訳せば習慣性が強調されることになります。

いっぽうêtre en train de...が用いられるのは、ある行為が現在進行中であることをあえて強調する場合に限られます。Il est en train de regarder un film à la télé.「彼はテレビで映画を見ている最中です」。

日本語の「ている」はこのほか、状態を表すこともあれば、経験を表すこともあってニュアンスにかなりの広がりがあります。

まずは「状態」を表す例から考えましょう。

① 愛しています。

まずは、愛している対象は「人」だと考えます。「です」「ます」体の日本語なので、相手をvousとしたいところですが、「愛してる」という意味と同じと考え、相手をtuとして設定します。「ている」という状態を表していますが、フランス語ではシンプルに現在形でかまいません。

　Je t'aime.

あるいは形容詞amoureux de...「〜を愛している」を用いて同じ意味にすることもできますが、これは相手を前にしての告白としては用いないようです。

　Je suis amoureux de toi.　　(jeは男)
　Je suis amoureuse de toi.　　(jeは女)

愛する対象が「物」の場合、目的語を名詞で加えることになりますが、設問では具体的に何なのか分からないので代名詞çaを目的語にします。

J'aime ça.

ちなみに代名詞le, laを用いるのは（いずれの場合も、Je l'aime.になりますが）人間を指す場合とされています。

ここで、動詞aimerをいろいろな時制で用いた場合の意味の差を考えましょう。J'aime cette chanson.「私はこの歌が好きだ」は現在の状態を表します。では複合過去を用いて、J'ai aimé cette chanson.としたらどういう意味になるでしょう。「私はこの歌が好きになった」という意味なのです。さらに、半過去を用いて、J'aimais cette chanson. としたらどうでしょう。「私はこの歌が好きだった」という意味で、今は好きではない可能性があります。

Je t'aimais.と言われたら「もう愛してない」という意味でしょう。Je t'aime.とは大違いですね。

今度は「ている」が「経験」を表す場合です。

② 彼は、二度、北海道に行っている。

彼はこれまでに二回、北海道に行ったことがあるのです。これは複合過去で表現できますが、ちょっと微妙な例から紹介します。

Il est allé deux fois à Hokkaido.「彼は北海道に二度行った」。一見、何も問題なさそうな文ですが、これは必ずしも「経験」を表しているとは限りません。たとえば文末にle mois dernier「先月」といった要素を加えてみると明らかです。「先月二回行った」という事実を述べただけであって、これまでの通算という「経験」ではなくなってしまうのです。

こういうときに便利なのはêtreの複合過去です。

Il a été deux fois à Hokkaido.

この文は決定的に「経験」を述べています。かつて二度、北海道に「いた」というわけです。どこそこに行ったことがありますか？

と聞くために、同様の理由から、Vous avez été à Paris ?「パリに行ったことがありますか」と言うこともできます。ところで、現在形で同じ意味のことが聞けるのをご存じでしょうか。Vous connaissez Paris ?というふうにconnaîtreを用いるといいのです。

さて、「ている」とは異なり、「しつつある」はまさに進行中の動作を表しますが、être en train de...だけがその意味を表す表現ではありません。

③ 地球温暖化が進む中、氷河が少しずつ溶けつつある。

「〜が進む中」という日本語をどういうフランス語にすればいいでしょう。pendant queでは「〜の間」ですから、ちょっぴりずれます。ここは文意を「〜するにつれて」というふうに解釈して、à mesure que...という表現を使ってみることにしましょう。まずは「地球が温暖化する」という主語と動詞を作ってみましょう。

A mesure que la Terre réchauffe,...

いっぽう、「地球温暖化」という名詞を軸にすることもできます。なお、この場合にはA mesure de + 名詞となります。

A mesure du réchauffement climatique,...

実際には「気候の温暖化」という言い回しになるようです。これも、抽象化して表現するのが好きなフランス語らしい感じが出ます。

さて、問題は後半の「〜しつつある」です。前にも紹介したêtre en train de...「〜しつつある」を使ってもよさそうですが、今まさにどんどん溶けている、というニュアンスになってしまいます。この文はむしろ「〜し始めた」くらいのニュアンスに解釈すべきなのではないでしょうか。

..., petit à petit, les glaciers commencent à fondre.

commencerは現在形で用いても、日本語のニュアンスとしては「〜し始めた」という感じになることを覚えておいてください。

あるいは逆に、これから進行する事柄を表していると解釈すれば、

近接未来のaller＋不定詞を用いて次のようにしてもいいでしょう。

..., les glaciers vont petit à petit fondre.

抽象名詞で押しまくる手もあります。

Le réchauffement climatique provoque petit à petit le recul des glaciers.　地球の温暖化が徐々に氷河の後退をまねいている。

実際、地球温暖化と氷河の関係を伝えるニュースなどでは、氷河のrecul「減少、後退」と表現されています。

④「あれ、窓が開いている。」「換気のために開けてあるんだよ。」
「ている」と「てある」が対比的に用いられていると両者の差がはっきりと出てきます。

前半の「ている」は状態を表していますから、ここでは形容詞を用います。人為的な行為の結果かどうかは問いません。ouvert「開いている」をfenêtre「窓」に合わせて女性形で用います。

Ah, la fenêtre est ouverte.

第一の文はほぼ異論なくこれで決まりでしょう。ところが後半の「てある」には人為的な行為の結果が感じられるわけですから、Elle est ouverte pour l'aération.としただけでは文意が伝わりません。そこで、窓が開いているという状態を「誰かが開けた」というふうに解釈することでそのニュアンスを出しましょう。フランス語にはそういうときに大活躍の便利な代名詞onがあります。「換気」はaérer「換気する」という動詞から作られたaérationを用います。

On l'a ouverte pour l'aération.

誰が開けたのかは問わずに、でも人為的なおこないであることをonが見事に表現しています。さらにlaisserを組み合わせると、「～のままにしてある」というニュアンスが強く出てきます。

On a laissé la fenêtre ouverte pour l'aération.

§8 「見知らぬ人が話しかけてきた。」

"方向性の表現"

日本語では、「見知らぬ人が私に話しかけた。」は、自然な表現とは言えません。なぜならば、日本語は、文の中に「私」がいる場合、移動を含む動作を、「私」中心で捉えたがる言語だからです。この場合、「見知らぬ人に話しかけられた」のように受身で言うか、あるいは次のように言うのがふつうです。

(1) 見知らぬ人が話しかけてきた。

「てくる」を使うと自然に聞こえますね。
日本語では、「私」が主語にあるときにはもちろん、「私」が主語にないときにも、何らかの方法で「私」が世界の中心であることを表したがります。次のような表現も同じです。

(2) 友だちが電話を掛けてきてこう言った。
(3) 「うちに遊びにおいでよ。」「うん、行く。」

(2)では、省略されていますが、電話の受け手は「私」です。「私」が電話を掛けるのであれば、「友だちに電話を掛けてこう言った。」となるはずです。(3)も、日本語では、私が友だちの家へ移動すると捉えて「行く」を使います。このように、日本語は、「行く」「来る」や補助動詞の「～ていく」「～てくる」を使って、「私」から見た移動の方向性を表す言語なのです。日本語では、「私」の今いるところを基準として、そこへ近づく場合に「(～て) くる」を、そこから離れる場合に「(～て) いく」を使います。

(4) ピザを買ってきたよ。
(5) (訪問先の友人に電話で) 何か買っていこうか。

日本語の出がけのあいさつが「行きます」ではなく「行って来ます」なのも、帰ってくるという移動が前提とされているためです。そうでないと、寂しい別れになってしまいます。
　「～ていく」「～てくる」の用法を、もう少しだけ見ておきましょう。

(6)　飛行機が東の空から飛ん**できた**。
(7)　今日のデート、何を着**ていこう**かなあ。

「飛ぶ」や「泳ぐ」は、単独では動作しか表しません。移動を表したいときには必ず「～ていく」「～てくる」と組み合わせて使います。「着る」や「（帽子を）かぶる」のような衣服類の装着を表す動詞は、衣服や帽子を装着した状態で移動することを表します。「持っていく」なども同類です。
　このように、日本語は移動という性質には敏感な言語です。
　「～ていく」と「～てくる」は、変化を表す動詞とともに用いて、少しずつ変化をすることを表すこともあります。

(8)　平均株価がじわじわ上がっ**てきた**。このまま上がっ**ていく**かなあ。

Q 作文してみよう

① 見知らぬ人が話しかけてきた。
② 「うちに遊びにおいでよ。」「うん、行く。」
③ 飛行機が東の空から飛んできた。
④ 平均株価がじわじわ上がってきた。このまま上がっていくかなあ。

A 「行く」をaller,「来る」をvenirだと単純に考えれば、フランス語にもそのふたつの動詞を用いて、日本語の「ていく」「てくる」と同じように、主語と出来事との関係を表現する形があります。日本語と正確に対応するわけではありませんが、たとえば「近い未来」を表すとされるaller＋不定詞には、「ていく」に近いところがあります。

　Le train va partir.　列車が出ていく。

よく「これから〜するところだ」というふうに訳されますが、それほど大袈裟ではなく「〜ていく」だと考えればいいのではないでしょうか。
　また、「近い過去」を表すvenir de＋不定詞には「てくる」に近いところがあります。

　Je viens d'acheter ce livre.　この本を買ってきた。

これも「〜したばかりである」ではなく、「〜てきた」と訳せる場合があると思います。過去形（複合過去）のJ'ai acheté ce livre.「本を買った」と比べてみると面白いですね。
　フランス語ではほかにもさまざまな表現で、主語と出来事との関係を表すことができます。

① 見知らぬ人が話しかけてきた。
　動作をおこなう人が主語になり、その動作の影響を受ける人や物が目的語になるのがフランス語の原則です。フランス語では、この文が「私」を主語にして、「私は見知らぬ人に話しかけられた」という構文になることはありません。adresser la parole à 人「人に話しかける」は「人」を間接目的にしています。間接目的は受身文の主語にはなりません。受身文の主語になるのは他動詞の直接目的になる要素だけなのです。
　となると、あくまでも主語は「見知らぬ人」ということになります。

Un inconnu m'a adressé la parole.

しかし、inconnu「見知らぬ人」では主語のニュアンスが強すぎるかもしれません。

Quelqu'un m'a adressé la parole.

quelqu'un「誰かが」くらいにしておいたほうが無難かもしれませんね。日常会話としてはun monsieurや une dameが主語になると自然な雰囲気が出ます。

Un monsieur m'a adressé la parole.

ここで不特定の人間を表すonを主語にすることも可能です。

On m'a adressé la parole.

「見知らぬ人」というニュアンスは消えてしまいますが、さっぱりしていてフランス語らしい表現です。しかし、どうしても日本語にあるような「〜てくる」というニュアンスはフランス語からは消えてしまいます。あえて言えば間接目的のm'「私に」が「くる」の代わりをしているとも考えられます。

② 「うちに遊びにおいでよ。」「うん、行く。」
「行く」がallerで、「来る」がvenirだと機械的に考えてはいけません。allerは場所の移動を「出発」の相として、venirはそれを「到着」の相としてとらえたものなのです。したがってフランス語では、相手のいる場所へ自分が「行く」とき、その移動を「到着」としてとらえてvenirを使うのです。

Tu veux venir chez moi ? ─ Oui, je viens.

けっしてje vaisではありません。この感覚は、相手が今いる場所のみならず、相手がこれから行く場所に対してもはたらきます。
ですから、「私はジャンの家に行って、それから君の家に行くよ」という場合、Je vais chez Jean, et puis je viens chez toi.となりますから難しいですね。
到着の相を表す動詞はvenirだけではありません。たとえば

arriverもそうですね。誰かが玄関の呼び鈴を押しています。「はい、今行きます」と日本語では答えますが、それもフランス語では、Oui, j'arrive. あるいは Oui, je viens. と返事をします。

なお「遊びに」という日本語はどうしてもフランス語にはなりませんので省略せざるを得ません。

ところで、見たり、聞いたりといった知覚動詞を使うと、意外なことに日本語の「てくる」に相当するニュアンスを出せる場合があります。

③ 飛行機が東の空から飛んできた。

「飛ぶ」と「来る」を組み合わせてフランス語で表現できるでしょうか。非常に悩むところです。やはり voler「飛ぶ」か venir「来る」のいずれかしか用いることはできないでしょう。

L'avion vole dans le ciel à l'est.　飛行機が東の空を飛んでいる。

時制は現在形でいいでしょう。あるいは、

L'avion vient du ciel à l'est.　飛行機が東の空からやってくる。

とするしかないでしょう。

しかし、この「きた」の部分に「私」の主観性がわずかでもかかわっていると認めるならば、思いきって「私」を主語にすることも可能です。そのときに登場する動詞が知覚動詞の voir です。

Je vois l'avion venir dans le ciel à l'est.
私には飛行機が東の空から来るのが見える。

飛行機が飛んでくるのを「見る」という構文にすることでフランス語は不思議と落ち着いてきます。これは voir など「見る」「聞く」などを表す動詞（知覚動詞）がとる構文で、知覚動詞＋目的語＋不定詞という形になります。目的語と不定詞は順番が入れ換わってもかまいません。

Je vois venir l'avion dans le ciel à l'est.

では、今度は「てくる」と「ていく」の両方を考えてみましょう。

④ 平均株価がじわじわ上がってきた。このまま上がっていくかなあ。

「〜してきた」と「〜していく」という日本語をどうフランス語にするかが問題です。

「〜してきた」のほうはフランス語の形容詞でうまくいくなら、Il est de plus en plus ivre.「彼はだんだん酔っぱらってきた」というふうに、現在形のまま de plus en plus「だんだん」のような表現と組み合わせればよいでしょう。動詞を用いるならば、Mon salaire a de plus en plus augmenté.「私の給料がだんだん上がってきた」というふうに複合過去との組み合わせがいいでしょう。「〜てきた」にこめられている完了のニュアンスが出るからです。

設問もこの要領でフランス語にしましょう。「株式」は la Bourse、「上がる」は grimper を用いましょう。「じわじわ」は副詞 continuellement が近いニュアンスを出します。

La Bourse a continuellement grimpé.

「〜していく」は継続を表していますから、continuer を用いるのがよいと思います。aller + 不定詞との相性がいいのです。

Ça va continuer comme ça ?

「上がっていくかなあ」がどういうニュアンスを持っているか、解釈を加えれば「期待」がこもっているかもしれませんね。それを生かすならば、動詞 espérer「期待する」を用います。espérer que + 直説法の構文を作ります。

J'espère que ça va continuer.

逆にここには「疑い」がこもっているのだという解釈もあるでしょう。そう考えるならば、動詞 douter「疑う」を用いて、

Je doute que ça continue.

となります。douter que... は接続法を要求します。

コラム 2

オノマトペ（擬音語・擬態語）

　日本語には、「鳥がぴよぴよ鳴く」や「石が坂をコロコロ転がる」のようなオノマトペ（擬音語・擬態語）がありますが、フランス語にもあるのでしょうか。たとえば、マンガのように背景に音を表すことはあると思いますが、どんなものがありますか。

　母音についても、「イヒヒ」と笑えば「うふふ」よりも陰湿な感じがしますね。ほかにも、「アハハ」は明るい笑い声、「エヘヘ」はちょっと照れた感じを表します。フランス語でも同じように感じるのでしょうか。また、日本語であれば、「コロコロ」よりも「ゴロゴロ」のほうが大きな石に感じられますが、フランス語はどうでしょうか。

フランス語のオノマトペを紹介しましょう。フランス語には音を模した「擬音語」がいろいろあります。たとえば動物の鳴き声です。ネコは Miaou !、ヤギは Bêêêê !、ちょっと変わったところではアヒルは Coin-coin ! と鳴きます。

また、ドアが「バタン！」と閉まるとき、フランス語ではその音を Vlan ! と表します。教会の鐘の音が Ding, dong ! と鳴るのは何となく分かりますね。物が「ポキッ！」と折れたりする音は Crac ! です。瓶の口から水が「ゴボゴボ！」と出てくるのは Glouglou !

炭酸が噴き出すのは日本語で「プシュ！」、フランス語は…やっぱり Pschitt ! と、これは分かりやすいですね。物が落ちたり爆発したりした時は Boum ! です。もう、このくらいにしておきましょう。

ところで日本語の「鳴く」にあたるフランス語は何なのでしょうか。これがじつに多様な動詞になるのが面白いところです。鳥や虫は「鳴く」というより chanter「歌う」なのです。犬は日本語でも「鳴く」より「吠える」と言いますが、フランス語では aboyer です。ネコが「鳴く」のはオノマトペからできた動詞でしょう、miauler と言います。そのほか豚が grogner したり、鳩が roucouler したり、牛が beugler したり…という具合です。

日本語とフランス語で「笑う」を比べてみます。さまざまな擬音を用いて笑いを分類する日本語と異なり、フランス語は「笑う」rire を比喩的な表現とともに用いて、笑いの種類を表します。rire aux éclats（破片の笑い）は、まさに「爆笑」です。面白いのは rire jaune（黄色い笑い）で、「苦笑い」という意味です。声を出さない笑い、つまり「微笑」は sourire ですが、もとをたどれば sous-「ひそかな」と rire の合成語です。

§9 「ぼくたち、大きな魚に食べられちゃうよ。」
"受身と使役"

　小魚が主人公の話で、「大きな魚が、ぼくたちを食べちゃうよ。」と言ったら、どう感じますか。日本語としては文法的だけど、なんだか日本語らしくないなと感じるでしょう。日本語では、(1)のように受身を使うほうがより自然です。

(1) **ぼくたち、大きな魚に食べられちゃうよ。**

　日本語は、「私」を主人公にしたがる言語です。もちろん、「私」を客観化して表現することもなくはないですが、「私」が関わっている文では、「私」を主語にして話したいというのが、日本語らしさなのです。
　受身文では、動作を受ける側が主語になります。動作をする人は、主語ほどめだたないため省略されることも少なくありません。(2)や(3)のように、動作をする人が特に言及する必要のない場合や不特定の場合には、受身を使って省略しやすくします。

(2) **1852年、この地にはじめて鉄道が敷かれた。**
(3) **日本では、多くの方言が話されている。**

　「私」を主語にする以外に、身内やひいきのスポーツチームのように、心理的に近い人や団体なども、日本語では主語になりやすく、そのため、それらが動作を受ける側である場合には受身を用いて表されるのが一般的です。

(4) **（サッカー中継）日本、ゴールを決められ、同点に追いつかれたー！**

　日本とオーストラリアのチームが対戦しているときに、「オース

トラリアがゴールを決め、同点に追いついたー！」とは、ふつうは言いませんね。日本語の受身文では、動作のありかたにもよりますが、一般に、「私」や身近な人などが主語になるのが自然なのです。

　他の人に働きかけてできごとを実現させる場合、次のように使役を使います。使役には、強制力の強い使役と、今やっていることを容認する使役があります。

　(5)　**コーチは、試合前に選手たちを走ら<u>せた</u>。**
　(6)　**公園で子どもがもっと遊びたがったので、しばらく遊ば<u>せて</u>おいた。**

(5)は「選手たちが走る」ことを「コーチ」が働きかけて実現させています。「走る」や「泳ぐ」のような自動詞の使役文では、実際に動作をする人（この場合「選手たち」）は「を」と「に」のどちらでも表されます（「を」のほうが、より強い強制力が感じられます）。(6)は、親が強制したわけではありません。使役は、必ずしも強制的な場合にのみ使われるわけではないのです。

　このほかにも、日本語では、「買っておいたのを忘れていて、ケーキを腐らせた。」のような、何もしなかったことに対する責任を表す場合にも、使役を使うことがあります。

　受身と使役は、能動文で表されるできごとを、立場を替えて捉える表現です。

Q 作文してみよう

① ぼくたち、大きな魚に食べられちゃうよ。
② 日本では、多くの方言が話されている。
③ コーチは、試合前に選手たちを走らせた。
④ 公園で子どもがもっと遊びたがったので、しばらく遊ばせておいた。

A 人間を主語にする傾向が強い日本語に対して、フランス語は逆の発想をすることがしばしばあります。物を主語にするほうが自然な場合があるのです。たとえば「私は音楽が好きだ」という内容の日本語をフランス語にする場合、もちろん動詞aimerを用いてJ'aime la musique.という表現も成立しますが、同様に「音楽」のほうを主語にして、plaire「〜の気に入る」という動詞を用い、La musique me plaît.とすることもよくあります。

同じように「私は歴史に興味がある」という場合、動詞intéresser「〜の関心をひく」を用いれば、L'histoire m'intéresse. が自然な表現です。この同じ内容を「私」を主語にして表現するためには、s'intéresser à...という代名動詞を用いて、Je m'intéresse à l'histoire. という構文にします。ただしintéresserについては、受身を用いた、Je suis intéressé par l'histoire.という構文も用いられます。

こうしたこととも関係しますが、フランス語では「受身」の構文は文法的には存在しても、そう頻繁に用いられるわけではありません。「受身」はêtre + 過去分詞で作ります。Ce roman est très lu au Japon.「この小説は日本でよく読まれている」のように作ります。luはlire「読む」の過去分詞ですね。

けれども、今述べたように、それよりは、たとえば不特定の主語を表すonを用いた、

On lit beaucoup ce roman au Japon.

のほうが自然です。フランス語で受身をあまり用いることがない背景には、この不特定主語onが非常に多く用いられることがあるのです。

あるいはse lireという代名動詞を用いて受身のニュアンスを出すこともあります。代名動詞には「自分を〜する」という再帰的な意味だけではなく、「〜される」という受身の用法もあるのでした。もちろんこの用法があることも、フランス語で純然たる受身の構文があまり用いられない理由のひとつです。Ce roman se lit beaucoup au Japon.という構文になるのです。

したがって受身の文をなるべく避けることが、自然なフランス語

を作るコツと言えます。

① ぼくたち、大きな魚に食べられちゃうよ。

「ぼくたち」を主語にするならば受身になります。一応作ってみましょう。時制はaller＋不定詞にすると「今にも〜」という感じが出てきます。

Nous allons être mangés par un gros poisson.

過去分詞というのは、動詞を形容詞的に用いるための形ですからêtreと組み合わされた場合、性数の変化をします。ここは主語のnousに一致させて複数形mangésにしておきました（nousが全員女性だったら、女性複数です）。

しかし、やはり受身はそう頻繁に用いられるわけではないので、それに代わる表現をさがしましょう。se faire＋不定詞「〜される」はここにピッタリの表現です。

On va se faire manger par un gros poisson.

上の例にもあったように、受身の文を作ったとき、「〜によって」という動作主はしばしばparの後に置きますが、これははっきり示さなくても受け身の文としては成立します。

② 日本では、多くの方言が話されている。

「方言」はdialecteと言います。こういう意味の場合、とりわけBeaucoup de dialectes sont parlés …のような純然たる受身の文は不自然な感じがします。onを主語にすれば、受身の文では示されていなかった動作主も、能動文の主語として示すことができます。

On parle beaucoup de dialectes au Japon.

さらに、parler「話す」のほか、utilisé「使われる」を用いてもいいでしょう。

Beaucoup de dialectes sont utilisés au Japon.

では、「される」ではなく、「させる」はどういうフランス語になるのでしょう。「〜させる」という使役の構文は「faire + 不定詞」で表現できます。

　単純な例で説明しましょう。「私は働く」は、Je travaille. ですね。「私はポール君を働かせる」は、Je fais travailler Paul. です。動作をはたらきかける相手が直接目的のポジションに来ます。

　ところが、この場合はtravaillerという不定詞そのものに目的語がありませんでしたからこれでよかったのですが、「私はポール君に車を運転させる」だったら「車を」という、もうひとつの目的語が出てきてしまいます。このときには、Je fais conduire la voiture à Paul. という構文にします（àが一般的ですが、稀にpar）。動作をはたらきかける相手を間接目的として処理します。これが「強制的」な使役にあたります。

　そしてまた、これと対比される「容認的」な使役もフランス語には存在します。ここで登場する動詞はlaisserです。これもlaisser + 不定詞の形で用います。「私はポール君を遊ばせている」は、Je laisse Paul jouer. あるいは、Je laisse jouer Paul. です。laisserを用いる構文も不定詞に目的語がある場合がありますね。この場合は次の構文が可能です。Je laisse Paul regarder la télévision. 「私はポール君にテレビを見させておく」とします。

　では、まずは強制的な使役の文を見てみましょう。

③　コーチは、試合前に選手たちを走らせた。

　時制を過去にしなければいけないところが、これまでの単純な例文とは違いますからよく見てください。

L'entraîneur a fait courir les joueurs avant le match.

　フランス語で「トレーニング」はentraînementです。そこから派生したentraîneurが「コーチ」です。ちなみに英語からの類推でtraîneurなどとしないように。これは「ぶらぶら歩いている人」のことです。

　ここで細かい文法の注意をひとつ。les joueurs「選手たち」のよ

うな「はたらきかける相手」が代名詞になった場合のことです。直接目的ですからlesにして、文を書き換え、L'entraîneur les a fait courir avant le match. とします。ふつうは直接目的が前に出ると過去分詞はそれと性数の一致をおこないます。この場合ならfaitsとなるはずです。ところが、使役のfaireの過去分詞にはこの規則が適応されません。常にfaitのままでかまいません。

では次に「容認的」な使役の例を考えましょう。

④ 公園で子どもがもっと遊びたがったので、しばらく遊ばせておいた。

主語は「私」とします。「遊ぶ」はフランス語で直訳的にjouerを使うと、強い意味がついてしまいます。ほうっておくわけですから、faire「する」でいいでしょう。laisser faire「好きにさせておく」のです。

Comme mon enfant voulait, je l'ai laissé faire encore dans le square.

直訳すると「遊ぶ」が重複するので、少し整理しながら作文しました。Comme mon enfant voulait jouer encore dans le square, je l'ai laissé faire. という「直訳」型の文よりも論理がすっきりしています。前半を軽くしたほうがフランス語として整うという一般的な傾向があります。enfant「子ども」も、フランス語としては「私の」を付けます。

後半を「行為」として捉えたので複合過去、前半をその背景的な状況として捉えて半過去にしました。

「公園」にあたるフランス語はけっこう難しいのです。jardinは基本的には「庭園」ですが、そもそもは「菜園」の意味を持っています。jardin publicとすると一般に開放されている「公園」なのですが、子どもが遊ぶ「児童公園」だと考えれば、むしろsquareという語がそれにあたります。

§10 「隣の部屋で一晩中騒がれて眠れなかった。」

"被害の受身と恩恵表現"

　§9では、受身の基本的な使い方について見ましたが、日本語には、外国語に訳しにくい、もうひとつの受身があります。

(1) 隣の部屋で一晩中騒がれて眠れなかった。
(2) カラオケで歌おうと思っていた歌を先に歌われてしまった。

　このような受身文は、通常、被害の意味をもつことから、被害の受身などと呼ばれています。被害とはいっても、「車にはねられた」のように直接の被害を被っているわけではなく、「隣の部屋で（隣人が）一晩中騒ぐ」というできごとから、はたで間接的な影響を受けて迷惑だと感じているときに使われる受身です。
　持ち物を目的語に取ることもあります。

(3) 風で帽子を飛ばされた。
(4) 車を傷つけられて腹が立った。

　できごとから受ける影響は、被害だけではありません。そのできごとが有益だ、ありがたいと感じる場合もあります。このような場合、恩恵表現の「～てもらう」や「～てくれる」を使います。

(5) 兄に数学の問題を教えてもらった。
(6) 友だちが手伝ってくれて、発表の準備が早く済んだ。

　「～てもらう」は、「頼んだ」という意味を含みやすい表現です。一方、「～てくれる」は、頼んでいない場合にも使えます。「あきらめてたのに、戻ってきてくれたんだ。」のように、予期していなかった場合には「～てくれる」が使われます。
　日本語では、人がおこなった行為でなくとも、生じたできごとが

ありがたいと思えば「〜てくれる」を使って表します。これは、とても日本語らしい表現のひとつと言えるでしょう。

(7) **久しぶりに雨が降ってくれて、植物が生き返ったようだ。**

話し手が他の人に対して恩恵を与える場合には、「〜てやる」や「〜てあげる」を使います。

(8) **発表の準備を手伝ってあげようか。**

ただし、「〜てやる」「〜てあげる」を用いると、恩着せがましくなることもあります。

日本語は、あるできごとから受けた、迷惑だとかありがたいとかの感情を、ことばとして表したがる言語なのです。

Q 作文してみよう

① 隣の部屋で一晩中騒がれて眠れなかった。
② 車を傷つけられて腹が立った。
③ 兄に数学の問題を教えてもらった。
④ 久しぶりに雨が降ってくれて、植物が生き返ったようだ。

A フランス語には被害の受身に相当する表現がありません。よく似た意味の表現にse faire + 不定詞がありますが、これは、Je me fais couper les cheveux.「私は髪を切ってもらう」のように、他人に何かをしてもらうときに使いますから、受身的ではあっても、けっして「被害」が自分に及ぶわけではありません。Je me suis frappé.「私は殴られた」のように用いることもありますが、これは「殴る」という相手の動作が話者に直接及んでくるのであって、あの歌を「先に歌われた」という例のような被害の受身の間接的なニュアンスとは異なってしまいます。

フランス語としては、そういう話者への被害の気持ちを、dommage「残念」のような語を別に立てて、C'est dommage qu'on ait chanté cette chanson.「あの歌を歌われたのは残念だ」のように表現するしか手がありません。

① 隣の部屋で一晩中騒がれて眠れなかった。

まず「私が眠れなかった」という部分を主節として作ってしまいましょう。「隣の部屋で一晩中騒がれた」という内容を、その理由として位置づけます。主節はシンプルに、

Je n'ai pas pu dormir

とすれば問題ないでしょう。puはpouvoirの過去分詞ですね。

理由を導くにはparce queを用いれば十分なのですが、ここでは、良くないことの原因を示すà cause de...も使いたくなります。前者は節につながりますが、後者は名詞に続くので構文が異なります。

最初にparce queを用いた場合です。節にするためには、騒いだのが誰なのかを示す必要が出てきます。「隣の部屋で騒がれて」という日本語は、とても自然なのですが、主語がないことに今更ながら驚かされます。onを主語にする手もないわけではありませんが、隣の部屋にいる人を不特定主語にすることには、少々抵抗感があります。les voisins「隣人たち」を主語に立てて、..., parce que les voisins font du bruitとしておくのも手ですが、せっかくあいまいにされているニュアンスを無理やりはっきりさせるのはもったいな

い気がします。そこで非人称表現に頼ろうと思います。il y a du tapage「騒ぎがある」はどうでしょう。

Je n'ai pas pu dormir parce qu'il y avait du tapage toute la nuit dans la chambre d'à côté.
私はよく眠れなかった、隣の部屋が一晩中うるさかったから。

次にà cause de + 名詞を用いるためには理由の部分を「隣の部屋の騒音」という意味の名詞句に変形させる必要が出てきます。

Je n'ai pas pu dormir toute la nuit à cause du tapage dans la chambre d'à côté.
私は隣の部屋の騒音のせいで一晩中眠れなかった。

さて、今度は何かを「される」のが話者自身ではない場合です。

② 車を傷つけられて腹が立った。
「ぶつける」heurterや「壊す」casserではなく、「傷つける」ならば動詞はabîmerがいいでしょう。「傷つけられた」のは自分自身ではありませんから、jeを主語にして受身文にすることはできません。je me suis...とするわけにもいきません。

ふたつの構文が考えられます。ひとつは「私の車」という主語を立てて、abîmerを受身にする文です。ma voiture est abîméeとなりますが、誰かに「傷つけられた」という行為を述べただけの文に思えてしまいます。むしろ、主語にonを立てたほうが、行為を表した文として解されます。「腹が立った」は、それに引き続く行為なので複合過去でse mettre en colèreを用います。

On a abîmé ma voiture, je me suis mis en colère.

③ 兄に数学の問題を教えてもらった。
恩恵表現を「もらう」「くれる」「あげる」といった動詞を用いて表すのは日本語の真骨頂とも言える要素ですが、これもそのままフランス語にすることはできません。もちろん「恩恵」を表す表現は

存在します。たとえばgrâce à...「〜のおかげで」という前置詞句がありますが、そういう日本語にあてて、いちいちこういう表現を用いたのでは、あまりにもくどい感じですね。

そこで、これについては例文ごとに工夫していくことになります。

さて、「〜してもらう」ですが、Je me suis fait couper les cheveux.「私は髪を切ってもらった」のようなse faire + 不定詞は使えません。相手の行為が自分の身体に影響を及ぼす場合に使う表現だからです。やはりフランス語としては「兄」のほうを主語にするのが一般的で「兄が私に数学の問題を教えた」という意味にするのがよいでしょう。apprendre「教える」を用います。「問題を教える」という表現も、単に「数学を教える」にするのが自然です。

Mon frère m'a appris la mathématique.

あえて「もらった」のニュアンスを出すためには、教えてもらって「私は嬉しい」という気持ちを追加してはどうでしょう。形容詞contentを持ちます。

Je suis content parce que mon frère m'a appris la mathématique.

「兄が私に数学を教えた」ことを「私」が喜んでいると考えました。

また、どうしても数学の「問題を」教える、という部分にこだわれば、expliquer le problème de mathématique「数学の問題を説明する」という表現にすればいいでしょう。

Mon frère m'a expliqué le problème de mathématique.

さて、いちばん難しいのは次の「〜してくれる」でしょう。

④ 久しぶりに雨が降ってくれて、植物が生き返ったようだ。

この「くれる」も、そこに込められている気持ちを汲み取ることから始めましょう。やはり「嬉しい」気持ちが入っていますね。je suis content que...と節の形にします。「雨が降る」はil pleutという表現を使わざるをえません。content queの後では接続法になります。je suis content qu'il pleuveです。

「久しぶり」という日本語もフランス語にするときに厄介なことがあります。よく用いられる表現はça fait longtemps que...です。que以下が否定の複合過去になる場合が多く、「〜の状態になってから今までずいぶん時が経ちました」という意味の構文を作ります。Ça fait longtemps qu'on ne s'est pas vus.「久しぶりに会いましたね」は会話表現集にもよく出ています。

　しかし、ここでは節が二重になってしまいますからこれは使えません。副詞句のaprès si longtempsを使いましょう。あるいはenfin「とうとう」という副詞を用いても同じような意味になります。

Je suis content qu'il pleuve enfin,...

　後半はそれほど難しくはありません。「植物」はles plantes,「生き返る」はrevivreです。「〜のようだ」は「様子」を表していますから、さまざまな表現があります。paraîtreという動詞でもいいですし、on dirait que....という節を作ってもいいでしょう。diraitは動詞dire「言う」の条件法現在の形です。

..., on dirait que les plantes revivent.

　これもちなみに、ストレートに表現すれば次のようになります。sembler「〜に見える」を使いました。

Il a enfin plu, les plantes semblent revivre.
ようやく雨が降って、植物が生き返ったようだ。

§11 「窓が開いた。」と「窓を開けた。」

"自動詞と他動詞"

　自動詞とは、「雨が降る」や「窓が開く」のように、「〜が」以外の名詞句を取らなくても基本的な意味がわかる動詞で、他動詞は、「パンを食べる」や「窓を開ける」のように、「〜を」のような名詞句を必要とする動詞です。
　特に、日本語では、「開く」と「開ける」のように、同じような変化を表しながら、そのできごとの生じ方に違いのあるペアが存在します。

(1)　あ、風で窓が開いた。
(2)　田中くんが窓を開けた。

　自動詞は、(1)のように、「自然に〜した」という場合に使われます。「風で看板が倒れた」のような自然現象によく使われます。「風が窓を開けた」や「風が看板を倒した」とは、ふつう言いませんね。他動詞は、動作をおこなう人が必要です。(2)では、「田中くん」が「窓」に対して動作をおこなっています。「酔っ払いが看板を倒した」のように主語が人なら、他動詞を使うことができます。
　これをうまく使って、次のような表現をすることもできます。

(3)　（子どもが花瓶を倒して）「倒したんじゃないよ、倒れたんだよ。」

　(3)は、子どもが、自分の動作は関係ない、自然現象であったと主張する、簡明な表現です。
　しかし、日本語にこのような自動詞と他動詞のペアが多く存在するのは、原因が違うことを表すためだけではありません。他動詞は動作の過程を重視し、自動詞は変化の結果を重視するという点で使い分けているのです。この性質が特に強く出るのは、「〜ている」

を付けた場合です。

(4) 今、建っているビルの横に、もう一棟、同じビルを建てている。

(4)では、自動詞「建つ」+「〜ている」の「建っている」が「建った」結果の状態を、他動詞「建てる」+「〜ている」の「建てている」が進行を表します（§7で見たように、他動詞を使って、意図的に結果を残したことを表す場合には、「建ててある」を使います）。

自動詞のこのような性質を利用すると、動作をする人をことさらに言い立てず、結果だけを述べることができます。

(5) ドアが**閉まります**。ご**注意**ください。
(6) お茶が<u>いりました</u>よ。休憩しましょうか。

(6)は、もちろん誰かがお茶をいれていますね。勝手に「お茶がはいる」なんてことはありませんが、日本語では謙遜を表現するために自動詞表現を用いているのです。

このほかに、「足の骨を折った」「働きすぎて体を壊した」のように、自分の体（の一部）を目的語とした他動詞表現は、全体で、自動詞相当の意味になります。

日本語には、豊かな自動詞・他動詞表現が存在します。日本語は、それをうまく使い分けて、微妙なニュアンスを表現する言語なのです。

Q 作文してみよう

① 倒したんじゃないよ、倒れたんだよ。
② 今、建っているビルの横に、もう一棟、同じビルを建てている。
③ お茶がはいりましたよ。休憩しましょうか。
④ 足の骨を折った。

A フランス語にも自動詞と他動詞の区別があります。一般に直接目的あるいは間接目的をともなう動詞を他動詞と呼びます。marcher「歩く」などが自動詞、acheter「買う」などが他動詞ということになります。Je marche.「私は歩く」には目的語がありませんね。けれども J'achète un livre.「私は本を買う」には目的語があります。ところで、Je téléphone à Marie.「私はマリに電話する」のように間接目的をとる動詞は「間接他動詞」という分類をされることもあれば、直接目的をとっていないので自動詞として扱われることもあります。辞書や参考書によって方針がちがいますから気をつけてください。

特徴的なのはフランス語には圧倒的に他動詞が多いことです。英語のようにひとつの動詞が自動詞としても、他動詞としても用いられる場合は少なく、圧倒的多数を占める他動詞があくまでも他動詞として使われます。たとえば、coucher「～を寝かす」はあくまでも他動詞なのです。したがって「寝る」という自動詞として coucher を用いる場合、やはり目的語を必要とするのです。そこで代名動詞の登場となるのです。Je me couche.「私は寝る」というふうに「自分自身」を目的語にして、他動詞としての用法を残しながらも、自動詞的な意味を出しているのです。

なお、他動詞が「行為の過程」を述べ、自動詞が「変化の結果」を述べている、という日本語の区別はフランス語にはありません。「彼が窓を開ける」は Il ouvre la fenêtre. で、「窓が開いた」は La fenêtre s'ouvre. と代名動詞を用います。そして「窓が開いている」ならば、やはり形容詞を用いることになります。

La fenêtre est ouverte.

① 倒したんじゃないよ、倒れたんだよ。

動詞 tomber をめぐって考えましょう。tomber は原則的には自動詞で、「倒れる」という意味で用います。「倒れた」のほうは簡単です。問題は「倒す」ほうです。フランス語では tomber を使わず、pousser といった動詞に代えるほうが自然です。

何が倒れたのか明示されていませんが、日本語の解説にあったように la vase「花瓶」だとしましょう。

Je n'ai pas poussé la vase, mais elle est tombée.

このほか tomber は「〜を落とす」という他動詞に用いるときは laisser tomber の形にして用います。Madame, vous avez laissé tomber votre mouchoir.「マダム、ハンカチを落としましたよ」となります。

② 今、建っているビルの横に、もう一棟、同じビルを建てている。

「ビル」は un immeuble です。「ビルを建てている」の主語は on でいいでしょう。この「ている」に être en train de...「〜しつつある」を用いる必要はないでしょう。construire「建てる」は、ことさら動作の継続性を問題にする行為だとは思われないからです。on construit un immeuble となります。

「もう一棟、同じ」の部分はちょっと工夫のしどころです。「もうひとつ」は un autre... がいいでしょう。しかし、そうすると「同じ」を表す même... の置き場所がなくなってしまうのです。そこで、même には引っ込んでもらって、名詞の後ろに置くことができる「同じ」という意味の形容詞 identique を使うことにしましょう。

「今、建っているビル」は動詞 construire の過去分詞が形容詞になった construit がいいでしょう。「〜の横に」は à côté de... です。déjà「すでに」を補っておくと自然さが増します。

On construit un autre immeuble identique à côté de celui déjà construit.

ふたつめの「ビル」immeuble は代名詞の celui に代えました。

③ お茶がはいりましたよ。休憩しましょうか。

さて、さきほど日本語では自動詞が「結果」を表すのに対して、フランス語ではそれが形容詞の役目になっていることをお伝えしました。この例で具体的に見てみましょう。

「お茶」が自分で勝手にはいるわけはありません。「お茶」をいれたのは「誰か」ですが、その主語は明示されていません。フランス語でもle thé「お茶」を主語にしてこの意味の文を作ることができます。

Le thé est prêt. お茶が準備できました。

prêt「準備ができている」を用いるのがお決まりの表現です。終助詞の「よ」はフランス語にならないのですが、どうしてもと言うのなら、文末にpour toi「あなたのために」と入れて、相手の存在を軽く漂わせるというのはどうでしょう。

「休憩しましょうか」のほうは、se reposerという代名動詞を使って、On va se reposer. でもいいと思いますが、faire une pauseのほうが「ちょっと休憩」というニュアンスには向いています。

On fait une pause ?

ところで、受身にすることによって「尊敬」のニュアンスを出すことがフランス語にあるのを知っていますか。これは駅やショッピングセンターなどのアナウンスでよく用いられる表現ですが、「〇〇さん、受付までお越しください」などと言うときに用いられます。やはり命令形では強い感じになるのでしょう。かと言ってonを主語にするのも無責任なような気がします。そういうときにたとえば「デュポンさんは受付まで来ることを願われています」という構文を、受身を用いて表すのです。

Monsieur Dupont est prié de se présenter à la réception.

同じようにêtre invité à...「促されている」という表現も使われます。

Nos chers clients sont invités à sortir 10 minutes avant la fermeture du magasin.
お客様には閉店10分前に店内からお出になられますように。

このようにフランス語では自動詞ではなく受身文が「尊敬」のニ

ュアンスを出すことがあるのです。

④ 足の骨を折った。

ここでは、自分の体に及ぶ動作は自動詞になるのか、それとも他動詞になるのか考えましょう。

設問④の表現ほど、フランス語の代名動詞のしくみを考えさせてくれる例はありません。まずは、やってはいけない例を出しましょう。J'ai cassé ma jambe. です。これは非常に不自然なフランス語に聞こえます。casser「折る」という他動詞をそのまま使うと、「自分で意図的に足の骨を折った」という意味になってしまうのです。

では、どうしたらいいのでしょう。自分が自分の体におよぶ事態を言うのですから代名動詞を用います。そして体の一部は、自動的に「自分の」だと分かりますから、定冠詞をつけます。

Je me suis cassé la jambe.

これが正しいフランス語です。時制は複合過去にしました。この場合、再帰代名詞のmeは間接目的、la jambeのほうを直接目的とみなします。

こういう構文は、自分が自分の体の一部に対してはたらきかける動作のほとんどすべてに用いられます。Je me lave les cheveux.「私は髪を洗う」、Je me lave le visage.「私は顔を洗う」などなど。

また、他人の体の一部にはたらきかける動作も、まず代名詞で相手を示して、それから体の一部を定冠詞をつけて出すという形が守られます。「彼が私の手を取った」は、Il m'a pris la main. となります。

けれども、前の課でもふれたように「〜してもらう」というニュアンスになるとse faire + 不定詞を用いて表現することになります。

Je me suis fait couper les cheveux. 私は髪を切ってもらった。

これは美容院などで切ってもらったことになります。Ma sœur m'a coupé les cheveux.「妹が私の髪を切った」は、いたずらをされて髪を切られたときの言い回しになります。

§12 「彼は泳げない。」
"可能"

　日本語には、さまざまな可能の表現があります。可能の代表的な形は、「泳げる」や「食べられる」（「泳げる」と「泳ぐことができる」、「食べられる」と「食べることができる」は、基本的に同じです）ですが、実際その意味は多様です。

(1)　**彼は、１メートルも泳げない。**
(2)　**彼は、インフルエンザで、今日は泳げない。**
(3)　**このクラブの会員でないから、彼は泳げない。**

　(1)は「泳ぎを知らない」とも言えます。泳ぎの能力の有無を表す表現です。(2)は、彼自身に原因がありますが、能力とは異なります。(3)は、クラブ会員であるかどうかという「彼」の能力以外の理由によって泳ぐことを禁止されているという意味に近い表現です。「泳いではいけない」ということもできるでしょう。
　可能・不可能の意味に近い表現に次のものがあります。

(4)　**この水着は泳ぎやすいね。**
(5)　**こんなに大勢の人に見られていては、泳ぎにくい。**

　(4)は、「すいすい泳げる」ということもできるでしょう。逆に、(5)は不可能とまではいかないけれど、困難さを感じるという意味です（最近では、「泳ぎづらい」のように「〜づらい」を使うことも多くなりました）。このような難易を表す表現も、可能に似た意味をもっています。
　日本語では、自動詞に可能の意味が含まれることがあります。

(6)　**棚の上の荷物に手が届かない。**

「手が届かない」や「大学に受かった」のような自動詞を用いた表現は、(不)可能や実現した結果を表します。外国人の日本語学習者はもちろん、日本語を母語とする幼児でも「手が届けない」と可能の形を使っていうことがありますが、もちろん、これは正式な日本語ではありません。

外国人の日本語学習者にとって苦手な表現には次のようなものもあります。

(7) 一生懸命練習して泳げるようになった。

日本語の可能は、状態を表します。(7)のように「練習」を通じて不可能な状態から可能な状態に変化することを表すときには「〜できるようになる」を使います。また、一時的な状態については、「今日はよく泳げている」ということもできます。

ほかにも、「何とも言いかねます。」「もう手の施しようがない。」「あり得ない。」のような、不可能や可能性のなさを表す表現もあります。

Q 作文してみよう

① 彼は、1メートルも泳げない。
② この水着は泳ぎやすいね。
③ 棚の上の荷物に手が届かない。
④ 一生懸命練習して泳げるようになった。

フランス語と日本語は「可能性」をめぐるさまざまなニュアンスを表すことに関しては、かなりよく似た表現の幅を持っています。前のページの例をそのまま用いて説明します。

　まずは「能力」として何かをできたり、できなかったりする場合です。これにぴったりなのはsavoir + 不定詞です。もちろんsavoirは単独では「知っている」という意味ですが、Je ne sais pas nager.「私は泳げない」という使い方もできるのです。

　これに対して「事情」で何かをできたり、できなかったりする場合にはpouvoir + 不定詞を用います。Je ne peux pas nager.「私は泳げない」というのは、たとえば体調が悪いからとか、水着を持っていないなどといった理由が背景にあることになります。

　フランス語としてはパターンが違いますが、le droit「権利」という名詞を用いてavoir le droit de...という表現を作ると「～する権利を持っている」、あるいは「～する許可を得ている」という意味での「～できる」という意味になります。Je n'ai pas le droit de nager dans cette piscine.「私はこのプールで泳げないんだ」とあれば、たとえばここは宿泊客専用のホテルのプールで、自分は宿泊客ではない、といった理由が想定されます。もちろん、これも前出のpouvoir + 不定詞を用いて表現することも可能です。

　では、設問に入りましょう。

① 彼は、1メートルも泳げない。

　これは「能力」を言っているのですからsavoir + 不定詞を用いればいいでしょう。Il ne sait pas nager.「彼は泳げない」という文に、「1メートルも」という要素を加えます。pas un mètreなどがいいでしょう。même「～さえも」とともに用いて「も」の持つニュアンスを補強しておきます。

　Il ne sait pas nager, même pas un mètre.

　また、ちょっと複雑で文語的な表現ですが、ne serait-ce que ...「たとえ～でも...でない」も使えます。seraitはêtreの条件法現在形です。

Il ne sait pas nager, ne serait-ce qu'un mètre.

② この水着は泳ぎやすいね。

「~しやすい」「~しにくい」という日本語もたしかに「可能性」とつながっていますが、これはフランス語ではdifficulté「困難さ」という名詞をキーワードにして表現するのも一計です。部分冠詞をつけたavoir de la difficulté à + 不定詞という表現を使って「~するのに苦労する」、これを否定にして「~しやすい」という意味にすることができます。

「水着」はmaillot de bainと言います。maillotは体にぴったりした運動着やダンス服を指します。夏のフランスの風物詩、自転車競技の「ツール・ド・フランス」のトップを走る選手が着るmaillot jaune「黄色いジャージ」は有名です。

Je n'ai pas de difficulté à nager dans ce maillot de bain.

と、とりあえず作文しましょう。前置詞dansを使う発想がちょっと不思議な気もしますが、avec「~を使って」よりはdans「~の中」のほうが正しい語法です。「この水着を着て」というニュアンスになります。

副詞(句)で「楽に」という意味を出すことも可能です。aisément「楽に」やsans peine「苦もなく」といった語を用いて、

Je peux nager aisément dans ce maillot de bain.

としてもいいでしょう。

日本語では主語になっている「水着」を主語にしないほうが自然ですが、あえて「水着」を主語にすればこうなります。

Ce maillot de bain est très agréable pour nager.
この水着は泳ぐためにはとても心地よい。

名詞を主語にしてfacile à + 不定詞「~しやすい」に結びつけようとすると問題が生じるので、形容詞をagréable「心地よい」に変

えました。というのは、facileを用いると、たとえばCette voiture est facile à conduire.「この車は運転しやすい」のように名詞が不定詞の目的語になることが要求されてしまうのです。しかし、maillotはnagerの目的語ではありませんからこの形が使えないのです。

それよりは非人称構文を用いるほうがいいでしょう。

Il est facile de nager avec ce maillot de bain.
この水着で泳ぐことはやさしい。

③ 棚の上の荷物に手が届かない。

「届かない」のように、「自動詞＋ない」が不可能を表すことが日本語にはあります。これはもちろんそのままフランス語にスライドさせて表現するわけにはいきません。これはもちろん、pouvoirを否定で用いれば表すことができます。それに続く不定詞は自動詞でも他動詞でもかまいません。

では、続く不定詞にはどのような動詞を考えればいいでしょう。つまり、どうすることができない、と考えればいいのでしょう。日本語の論理では「届かせる」ことができない、となります。これに相当する他動詞としてフランス語にはatteindreという動詞があります。直接目的をとって「〜に届く」という意味になります。「荷物」は一応、bagageにすると、Ma main ne peut pas atteindre le bagageとなりますが、よく考えると、もうpouvoirは不必要な感じがします。

Ma main n'atteint pas le bagage sur l'étagère.

ちょっとぎこちない感じがするのは、「私の手」が主語になっているからでしょう。

また、そもそもatteindreに「手が届く」という意味があると考えれば主語を「私」にすることもできます。

Je ne peux pas atteindre le bagage sur l'étagère.

こちらのほうが自然な文になります。

④ 一生懸命練習して泳げるようになった。

　ある行為や状態に到達するというニュアンスも可能性を表す要素です。日本語では「〜ようになる」という言い方でそれを表します。

　この事態を表すフランス語は「〜になる」ではありません。devenirやfaireは用いないのです。これを表すのは動詞arriverなのです。ある行為が結果として何かに「到達」するのだと考えると納得がいきます。arriver à + 不定詞の構文を作りますが、否定文で用いられることが多い表現です。Je n'arrive pas à écrire la lettre.「なかなか手紙が書けない」というふうに使います。逆に「やっと手紙が書けた」は、J'ai réussi à écrire la lettre. となります。

　「とうとう〜する」という意味はfinir par + 不定詞でも表せます。J'ai fini par lire ce livre.「やっとこの本を読み終えた」です。

　この設問にはarriver à...を用いるのがいいでしょう。「一生懸命練習して」という要素はavec tous ses efforts「精一杯の努力で」という表現にかえましょう。

Je suis arrivé à nager avec tous mes efforts.

「やっと」というニュアンスを強く出すにはfinir parを用います。

J'ai fini par nager avec tous mes efforts.

ほかの「可能性」を表すフランス語をここで補っておきましょう。Il est possible...あるいはIl est impossible...という表現がよく使われることを覚えておいてください。いずれも非人称の構文になります。Il est impossible de vivre sans toi.「あなたなしには生きていけない」とすればde...以下が実質的な主語になります。またIl est impossible qu'elle vienne aujourd'hui.「彼女は今日は来られない」というようにque + 接続法の形も作ることができます。

　possibleのほうも同じタイプの構文になります。Il est possible de prendre un congé.「休暇は取れますよ」、Il est possible qu'il fasse les courses.「彼は買い物に行けますよ」というふうに使います。

コラム3

名詞の性質

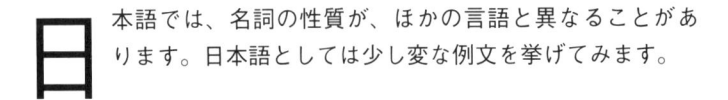

日本語では、名詞の性質が、ほかの言語と異なることがあります。日本語としては少し変な例文を挙げてみます。

(1) ？すぐ戻ってきます。**門**で待っていてください。
(2) ？小林くん、後で**私**に来なさい。

日本語では、「門」や「私」ということばが場所を表しません。「門」は物であり「私」は人でしかないのです。そのため、場所を表したければ「門のところ」「私のところ」のように言わなければなりません。

「のところ」と似ているのが「のこと」です。

(3) ぼくは、林さん**のこと**が好きなんです。
(4) 学校**のこと**で何か困ってない？

(3)は、「のこと」を使わず「林さんが好きなんです」と言っても同じ意味ですが、(4)は、「学校で何か困ってない？」と意味が違います。ふつう「学校で」と言えば場所を表しますので、それを避けたい場合に「のこと」を使っているのです。

このようなことはフランス語にもありますか。教えてください。

フランス語の名詞は、文の中では名詞だけ単独で用いられることがほとんどありません。冠詞がついたり、所有形容詞がついたり、つまり名詞の前につく短い語（名詞標識語とも呼ばれます）とともに用いられることで、さまざまな表情を出すのです。

　同じpoisson「魚」という語でも、「1匹、2匹…」と数えるときには、un poisson（複数ならdes poissons）と不定冠詞をつけますが、たとえば食材として「魚」を表すようなときには、数えられないものとして、du poissonと部分冠詞をつけます。また、好き嫌いを表すときには、J'aime le poisson. というふうに定冠詞がつきます。

　名詞標識語は、名詞をどのようなものとして話者が捉えているかを示す重要な要素です。ですから、名詞標識語しだいで名詞の意味が変化することもあるのです。

　たとえばtête「頭」は体の一部を表しますから定冠詞をつけてla têteになります。けれども部分冠詞がついてde la têteとすると「判断力、思考力」の意味に用いられるのです。つまり部分冠詞がつくことでtêteは「数えられないもの」となり、「抽象的なはたらき」を意味するようになったわけです。

　同じようにmonde「世界」は唯一のものですからle mondeと定冠詞をつけて用いるのがふつうです。しかし、du mondeと部分冠詞がつくことで「量」の概念へと転化して「大勢の人々」という意味になるのです。le soleil「太陽」がdu soleilになると「陽光」という意味になるのと同じです。

　もっと変化自在なのはfeuでしょう。du feuと部分冠詞がつけば「火」の意味ですが、le feuと使えば「火事」のことになり、un feuと不定冠詞をつければ「数えられる」ものとなり、「信号」の意味になります。昔は火を焚いて信号にしていたわけです。

　まさに、フランス語の名詞とは名詞標識語と一体になることで、はじめて意味が現われてくるものなのです。

§13 「あの人は嬉しそうだ。」
"話し手の判断の表し方"

　中学校で助動詞を習ったとき、「だ」は断定、「だろう」は推量、「ようだ」や「らしい」は推定などと習ったおぼえがあるでしょう。これらは、どれも話し手の判断のしかたを表す形式です。

(1) **おそらく彼が犯人だろう。**
(2) **どうやら彼が犯人のようだ。**

　「彼が犯人だ。」と断定できない場合でも、長年のカンから(1)のように推量したり、犯行時間の現場付近で得られた目撃証言から(2)のように推定したりすることがありますね。日本語では、このような、話し手がどのようにその判断に至ったかによって使い分ける表現がいくつかあります。
　人から聞いた情報を、そのまま伝えるのは伝聞です。

(3) **やっぱり、彼が犯人だそうだよ。**

　伝聞は、「犯人らしい」と言ったり、話しことばで「犯人なんだって」と言ったりすることもあります。
　「そうだ」には、伝聞のほかに、接続の形は違いますが、見た様子を描く使い方もあります。

(4) **（ケーキを見て）わあ、おいしそう。**
(5) **なんだか暗くなってきたぞ。雨が降りそうだな。**

　日本語には、「嬉しい」や「楽しい」のような感情と、「熱い」「おいしい」などの感覚は、体験した本人しかそのままの形で表現できないというルールがあります。(4)のような場合、口にするまでは「おいしそうだ」と言うはずです。

可能性があることを示唆する「かもしれない」や、確信を表す「はずだ」などもよく使われます。

(6) 彼が犯人<u>かもしれない</u>。(でも、確証がない)
(7) レストランガイドで絶賛されている。この店はおいしい<u>はずだ</u>。

(6)は「犯人ではないかもしれない」という可能性を否定できない、弱い判断です。日本語では、よく、この「かもしれない」を使って、判断をあいまいにします。レストランガイドの評判という根拠から考えて、より確信をもって断言する場合には、(7)のように「はずだ」を使います。

話し手の判断を表す形式は、まだまだほかにもいろいろあります。断定に近い「～に違いない」や「～にほかならない」なども、書きことばを中心によく使われますし、確信がない場合には、「風邪<u>っぽい</u>なあ。」や「やっぱりやめとこう<u>かな</u>。」のように言うこともあります。日本語では、このような判断を表す形式を文の最後に付けるため、相手の顔色を伺いながら、判断のしかたを変えて示しやすいのです。

Q 作文してみよう

① 「彼が犯人だ。」「いや、彼は犯人ではないだろう。」
② やっぱり、彼が犯人だそうだよ。
③ (ケーキを見て) わあ、おいしそう。
④ レストランガイドで絶賛されている。この店はおいしいはずだ。

A フランス語には「推量」や「伝聞」を表す表現がたくさんあります。構文のパターンにしたがって整理してみましょう。

まず最初は、que + 主語 + 動詞に続けて「〜だろう」「〜みたいだ」という意味を表す方法です。たとえばsupposer「〜だと推測する」という動詞を用いて、Je suppose qu'il ne vient pas ce soir.「私は、今晩彼は来ないと思う」のような文をつくる方法です。imaginer「想像する」のような動詞を用いても同じような例文が作れます。J'imagine qu'il fait froid à Paris.「私はパリは寒いと思う」。

これと同様に名詞節を作りながらも、誰がそう推測しているのかをはっきりさせない表現も可能です。こうすると「様子」を表すニュアンスになります。代表的な表現はOn dirait que...でしょう。On dirait qu'elle est fatiguée.「彼女は疲れているみたいだ」。dire「言う」が条件法現在の形で用いられている表現です。これと同じように動詞semblerを用いた非人称構文il me semble que...「〜みたいだ」もよく用いられます。Il me semble que ce restaurant est très cher.「このレストランは高そうだ」。

これとよく似た表現に「伝聞」を表すものがあります。もちろん「他人から聞いた話」として出来事を語る場合に用いる表現です。まずは、さっきのon dirait que...と似ているon dit que...が挙げられます。文字通り、「人が言っている」わけですから分かりやすいですね。On dit que Paul est à l'hôpital.「ポールは入院しているそうだ」。それからparaître「〜のように見える」という動詞を用いた非人称構文、il paraît que...も「伝聞」を表す表現になります。Il paraît qu'ils vont au cinéma ce soir.「彼らは今晩、映画に行くそうだ」。

一方、ある「物」についてその「様子」や「外観」を表す表現もフランス語にはたくさんあります。対象となる「物」が主語になる場合も少なくありません。先にも出した動詞semblerやparaîtreが用いられます。semblerの用法はかなり多様で、形容詞などとともに、Sa maladie semble grave.「彼の病気は重いようだ」のようにも用いますし、動詞の不定詞とともに、Il semble dormir.「彼は眠ってるみたいだ」というふうにも使えます。paraîtreも同様にCe professeur paraît gentil.「あの先生は親切そうだ」のように用います。

　熟語を用いて「様子」を表すこともできます。ひとつだけ例をあげれば avoir l'air + 形容詞という表現がよく用いられます。Ce garçon a l'air très intelligent.「あの少年はとても頭が良さそうだ」。文法的な注意をひとつだけ添えておきます。この表現では形容詞は、理屈の上では air（男性名詞）にかかりますが、air にではなく主語と性数を一致させます。したがって、Elle a l'air fatiguée.「彼女は疲れているようだ」です。

　また、動詞 devoir + 不定詞「〜にちがいない」や pouvoir + 不定詞「〜かもしれない」というような表現を用いても推定や推測、あるいは様子を表現することが可能です。

　それでは設問に入りましょう。

① 「彼が犯人だ。」「いや、彼は犯人ではないだろう。」
　「犯人」は coupable にしましょう。前半はこのままの論理ではなく、次のような文のほうがニュアンスが出ると思います。

　Le coupable, c'est lui. / C'est lui, le coupable.

　§1で紹介したような「は」と「が」の使い分けにも関係してきますが、「犯人は誰？」Qui est coupable ? に対する応答として成立する「彼が犯人だ」という文ですから、「彼」というところに情報の焦点があたっています。そのためには、Il est coupable.「彼は犯人だ」ではいけません。C'est...のあとに情報の焦点があたる、という感覚をつかんでください。

　さて、ここで「推測」のニュアンスが出てくるのは後半ですね。まるごとズバッと意を汲めば、Non, je ne crois pas.「いや、そうは思わないな」で片づいてしまうのですが、もう少ししっかりと推測のニュアンスを出すことにしましょう。imaginer を使ってみましょう。

　Non, je n'imagine pas qu'il soit coupable.

ここで気をつけてほしいのはque以下の節で、動詞が接続法をとることです。肯定形のJ'imagine que...は直説法に続くのですが、否定や疑問になるとque以下は接続法になるのです。
　主節を肯定文にしたままで表現することも可能です。

Non, j'imagine qu'il n'est pas coupable.

　これならque以下は直説法でかまいません。もちろん、そのほかの表現を用いてもできます。

Non, on dirait qu'il n'est pas coupable.

　「推測」を表すon dirait queを用いました。

② やっぱり、彼が犯人だそうだよ。
　さきほど紹介した「伝聞」の表現を用いましょう。

On dit qu'il est coupable.

　これがいちばんシンプルな解答でしょうか。冒頭の「やっぱり」をどのように表現したらいいでしょう。これは少なくとも2通りに解釈できます。ひとつは「自分の考えていたとおり」という意味の「やっぱり」です。論理が順接でながれている場合にはEn effet,...という表現が使えます。これはDe fait,...でも同じです。もうひとつは「違う見方もあったけれども」という意味の「やっぱり」です。今度は論理が逆説でながれています。この場合にはEn fait,...という表現が対応しています。Malgré tout,...という表現もこれに近い意味になります。Finalement,...でもいいでしょう。
　まとめます。

En effet (En fait), on dit qu'il est coupable.

　次は「様子」を表す場合です。

③（ケーキを見て）わあ、おいしそう。
　シンプルにavoir l'air + 形容詞を用いるべきでしょう。

Ah, il a l'air bon, ce gâteau.

というフランス語がぴったりです。もちろんdevoirを用いて、たとえば、Ce gâteau doit être bon.という表現にしても誤りではありませんが、今ひとつ論理を客観的に述べただけという感じがして、気持ちが伝わってきません。devoirはむしろ次の④のような文に向いています。

④ レストランガイドで絶賛されている。この店はおいしいはずだ。

　まずは前半をざっと考えましょう。話題をきちんと提示しておく必要がありますから、主語ce restaurantを立てましょう。apprécier「高く評価する」という動詞を受身で使ってみましょう。「レストランガイド」は今は単にle guideとしておきます。

Ce restaurant est très apprécié dans le guide.

　さて、後半には「はずだ」という確信が表明されています。devoirを用いて表せばよいのですが、つなぎのことばも添えておきましょう。再びen effetに登場してもらいます。

En effet, ce restaurant doit être bon.

　たしかにun bon restaurantは「おいしいレストラン」に違いないのですが、やはり冷静な記述という印象を与えます。Onを主語にして、

On doit y manger très bien.

というふうにしてはどうでしょう。yはもちろん「場所」= dans ce restaurantを示しています。

　また「確信」を表す主節を立ててしまう手もあります。

Il est certain que ce restaurant est bon.

　非人称主語を立ててcertain「確実だ」という形容詞を用いました。ただ、ちょっと堅苦しい感じが出てきます。

§14 「少しゆっくり話してください。」
"働きかけの表し方"

　人に何かしてもらおう・させようと思いことばを発する場合、命令、禁止、依頼、勧誘、助言などの表現を使います。
　命令は、依頼よりも強制力の強い表現です。禁止は否定の命令です。

⑴　早く来い！
⑵　まぜるな！　危険。

　日本語の命令や禁止表現は、面と向かって使うには非常にきつい表現で、親しい同等以下の人に対し用いられます。
　ほかにもさまざまな命令や禁止の表現があります。

⑶　（秘書に向かって）車！
⑷　芝生に入らないこと。

　秘書に向かって「車！」と言って準備を促すなど、名詞だけを言うのはもっともぞんざいな言い方です。また、立て看板などで使われる⑷の「芝生に入らないこと」は、「芝生に入ってはいけません。」と同じ禁止の意味を表します。
　命令よりも少しやわらかい働きかけは、依頼と呼ばれます。

⑸　少しゆっくり話してください／話していただけませんでしょうか。
⑹　（フリーペーパー）ご自由にお持ちください。

　依頼の基本は「てください」です。しかし、メールなど、音声を伴わない伝達では、「てください」だけだときつく聞こえることがあります。特に、「前の授業を休んだので、小テストを返してくだ

さい。」のような場合、とてもきつく聞こえます。その場合、「返していただけませんでしょうか。」のように、「ていただく」に丁寧、否定、推量、疑問などの形式を組み合わせて、より丁寧な言い方をします。(6)は、話し手の利益のために頼んでいるのではありません。「〜してもいい」の丁寧な表現です。

話し手が一緒に動作をすることを働きかけている場合には、勧誘表現が使われます。

(7) **一緒に遊びましょう。**
(8) **映画を見に行かない？**

より丁寧に、「一緒に映画を見に行っていただけないでしょうか。」などと言うこともあります。

働きかけの表現は、話し手と聞き手との人間関係によって、適切な言い方を選ぶ必要があります。反面、うまく使えれば、とってもすてきな人間に見てもらえます。

Q 作文してみよう

① (立て看板) 芝生に入らないこと。
② 少しゆっくり話していただけませんでしょうか。
③ (フリーペーパー) ご自由にお持ちください。
④ 映画を見に行かない？

A　「命令」「禁止」「依頼」「勧誘」「助言」といった表現についてフランス語のしくみを考えていきましょう。

「命令」には動詞の命令形を用います。

tuに対する命令のRegarde!「見て」、vousに対する命令のRegardez!「見てください」のほか、「勧誘」に近い意味を表す1人称複数に対する命令形のRegardons!「見ましょう」も形式的にはここに入っています。

会話でよく出てくるのは単純未来形やaller + 不定詞を「命令」の意味で使う用法です。Tu viendras à 7 heures.「7時に帰ってきてよ」とか、Vous allez m'appeler ce soir.「今晩お電話くださいね」というように使いますが、命令形よりも柔らかいニュアンスがでます。

また、dire de + 不定詞という表現も「～するように言う」という意味なので命令を表しています。Je vous dis de m'apporter mon sac.「私の鞄を持って来てって言ってるんです」。

こうした「命令」が否定になると、「禁止」を表すようになります。ストレートな否定命令、Ne dors pas!「眠るな」、Ne mangez pas trop!「食べ過ぎないでください」も用いますが、il faut + 不定詞を否定形で用いても「禁止」の意味になります。Il ne faut pas fumer ici.「ここは禁煙です」。

これが看板の表現になると、決まった書き方があります。

①(立て看板) 芝生に入らないこと。

Pelouse interdite

直訳すれば「禁じられた芝生」です。一般的にはこれがフランス語での「芝生に入らないで」という立て看板の決まり文句です。同じ意味が会話になればもちろんこんな言い方はしません。

Il ne faut pas entrer sur la pelouse.「芝生の上に入ってはいけません」とかTu n'iras pas sur la pelouse.「あなたは芝生の上に行かないで」というふうに言います。

また、同じくinterditを用いた表現に、Stationnement interdit「駐車禁止」があります。

② 少しゆっくり話していただけませんでしょうか。

「命令」のニュアンスが弱くなるにつれて「依頼」の表現に近づくことになります。一般には命令形に s'il vous plaît をつけ加えればだいぶ丁寧な感じになってくるのですが、今はあえて命令形を用いない形を紹介しましょう。

いちばん多く用いられるのは vouloir や pouvoir を使う形です。Pouvez-vous venir à mon bureau. 「私の事務所に来てください」。あるいは Voulez-vous me donner votre adresse. 「私に住所を教えてください」のように使います。このふたつはいずれもよく用いられますが、Pouvez-vous...のほうがやや丁寧さの度合いが強いです。さらに条件法現在形になると、Pourriez-vous..., Voudriez-vous...となり、もっと丁重な表現になります。

さて、設問についてですが、「〜していただけますか」と「〜していただけませんでしょうか」を比べれば、否定になったぶんだけ婉曲的な丁寧さが加わっているように思われます。フランス語でも同じようなロジックがはたらきます。pouvoir +不定詞で依頼の表現を作ります。「ゆっくり」は lentement です。ここでは比較の形で用います。

Vous ne pouvez pas parler un peu plus lentement, s'il vous plaît ?
Pouvez-vous parler un peu plus lentement, s'il vous plaît ?

ふたつの例を並べましたが、上のほうはちょっとやり過ぎかなと思います。下のほうが自然でしょう。

もちろん「依頼」とは、「お願い」のことですから demander「頼む」を用いても問題ありません。

Je vous demande de parler un peu plus lentement.
私はあなたに、もう少しゆっくり話してくださいと頼む。

ちょっと発想を変えれば形容詞 gentil を使った、次のような表現もあります。

Ce serait gentil de parler un peu plus lentement.

de... 以下のことをしてくれればあなたはとても「親切」です、という意味なのですが、これも日常的にかなり用いられています。

また、inviter, demander, solliciter などの「お願いする」という意味の動詞を用いても、もちろん依頼の表現がつくれます。

Je vous demande de parler un peu plus lentement.
Je vous sollicite de parler un peu plus lentement.

ただし、demander à + 人、de + 不定詞という構文になるのに対して solliciter 人 de + 不定詞という構文になることに注意しましょう。solliciter は人を直接目的にとる動詞なのです。

③（フリーペーパー）ご自由にお持ちください。

「〜してください」が「依頼」以外のニュアンスに用いられる例ですね。

「ください」と言っても「依頼」ではなく、むしろ「許可」に近いニュアンスです。フランスでは「ご自由にお入りください」などという掲示をするときには Entrée libre などと書きます。入場無料の催し物などでも使われます。フリーペーパーなどの印刷物を「自由に持っていっていい」という場合、Gratuit「無料」などと書かれていることがあります。しかし、いちばんフランス語らしい表現はこれでしょう。

Servez-vous.　自分でお取りください。

代名動詞 se servir の命令形です。「自分で食べ物や飲み物をとってください」という意味ですから「セルフサービス」ということです。掲示ではなく会話でもそのまま用います。

定型表現でなくてもいいのなら、

Vous pouvez prendre ce journal gratuit.

でしょう。「この無料新聞を取っていいですよ」という意味です。ちなみに「フリーペーパー」というのは和製英語なのだそうです。フランス語では「無料新聞」という言い回しになります。ならば、

C'est un journal gratuit. とだけ言えば通じます。

最後に「勧誘」の表現について考えましょう。

④ 映画を見に行かない？

さきほども述べたように1人称複数に対する命令形を用いることで「〜しましょう」という意味になりますから、Allons ensemble au cinéma ! という形でもいいかもしれません。けれどもこの形は、誘いながらも相手の意向を一応うかがっている「勧誘」というよりは、やはり命令に近いのです。「勧誘」が基本的には疑問文なのだという原点に帰りたいと思います。

そこでフランス語でよく用いられる勧誘表現を紹介します。

「Si + 半過去」という形がそれです。本来、現在の事実とは異なる仮定をおこなうときに使われる構文ですが、それを用いて「〜しませんか」という意味が作れるのです。

Si on allait au cinéma ?

主語をonにしましたが、これはnousの代わりに用いられていると考えてください。「映画を見に行く」は字義どおりに表せばaller voir un filmとなりますが、日常的に誰かを映画に誘うときにはaller au cinémaという表現を用いるのが自然です。

また、動詞direを用いて「勧誘」を表すことも可能です。direには「（人の）関心を惹く」という意味があるのです。Ça vous dit quelque chose ?「これに興味はありますか？」とか、Ça ne me dit rien.「それには何の興味もありません」というようによく用いられます。これの応用で、

Ça vous dit d'aller au cinéma ?

という構文も作れます。このditは条件法現在を用いてdiraitとしてもかまいません。

ところで、動詞inviterを用いてJe vous invite au cinéma. としてしまうと、映画に招待したことになります。お代はこちらもちということならかまいませんが。

§15 「もっと勉強しなければいけない。」
"義務・助言・許可の表現"

　人間、好きなことばかりをして過ごせるわけではありません。権利を行使したければ義務も果たさなければなりません。義務は、「〜しなければいけない」や「〜べきだ」を用いて表します。

(1)　きみは、もっと勉強しなければいけない。
(2)　社会人なら、あいさつぐらいするべきだ。

　「〜しなければいけない」は、「〜しなければならない」や「〜しなくてはいけない」などと言っても基本的な意味はかわりません。話しことばでは「〜しなくちゃ」や「〜しなきゃ」とも言います。「〜しなければいけない」と「〜べきだ」は、強制力に違いがあります。たとえば、法律で決まっていれば、「〜しなければいけない」と言いますが、理想や努力目標であれば「〜べきだ」を使います。
　これらの義務の表現は、聞き手の義務を伝える場合、命令と同じ働きをもちます。命令よりもやわらかく促すには、次のような助言の表現を用います。

(3)　もっと勉強したほうがいいよ。
(4)　あいさつしたらどう？

　一般に、「〜したらどう？」のほうが、やわらかく聞こえます。もちろん、どちらも抑揚の付け方次第できつく聞こえることもあるので、言い方には注意が必要です。
　相手に促す表現では、「〜てもいい」のような許可を与える表現もあります。

(5)　掃除が終わったら、もう帰ってもいいですよ。

許可を与える人は、そのような権限をもった人です。たとえば、(5)のように先生に言われたら素直に帰りますが、友人が掃除をしているのを手伝ってあげたのに(5)のように言われたら怒ってしまいます。

　このようなことは、一見、あたりまえのように感じるかもしれませんが、実際、次のような応答はよく耳にします。

(6) 先生「暑くなってきましたね。暖房を消してもいいですか。」
　　学生「いいですよ。」

「いいですよ」では、先生に対し許可を与えていることになってしまい、失礼です。この場合、学生が実際に暑いと感じているのなら、「お願いします」を使います。

　§14の働きかけの表現やこの課の助言や許可の表現は、日本語に限らず、相手や場面に応じて使い分ける必要があります。上手に使ってよい人間関係を構築したいものです。

Q 作文してみよう

① きみは、もっと勉強しなければいけない。
② もっと勉強したほうがいいよ。
③ 掃除が終わったら、もう帰ってもいいですよ。
④ 「暖房を消してもいいですか。」「お願いします。」

A 　今度は「義務」「助言」「許可」について考えましょう。

　「義務」=「～しなければならない」を表すフランス語の代表格はfalloirという非人称動詞を用いたil faut...という構文です。Il faut la réservation.のように名詞が続けば「予約が必要だ」、Il faut réserver.のように不定詞が続けば「予約しなければ」という意味になります。

　しかしながらil faut...は非人称表現なので、誰に対して言っているのかあいまいになります。Il faut écrire.「書かなければ」というのは自分に対して言っているのでしょうか。それとも相手に対して言っているのでしょうか。それが分からないのです。Il me faut écrire.のように間接目的を用いることでその問題は解消しますが、できればきちんと主語を立てたほうがメッセージがはっきりします。

　そこでdevoirを用いる方法が解決策になります。Vous devez écrire.「あなたは書かなければなりません」です。けれども、さらに問題が発生します。devoirの持つニュアンスはとても広いので、この文が「義務」を言ったものではなく「あなたは書くべきだ」という「助言」に受け取られるおそれが出てきてしまうのです。多くは文脈から判断できますが、分かりにくい場合もあります。

　obligéやexigéといった形容詞を用いる手もあります。Je suis obligé d'acheter un sac.「鞄を買わなければならない」ならどうでしょう。ここには強制力がはたらいているニュアンスがあります。いやなんだけどしょうがなくて、という気持ちさえ出てきます。そこが「義務」とは異なるところです。

① きみは、もっと勉強しなければいけない。
　まずは主語をはっきりさせた文を考えましょう。

Tu dois travailler davantage.

davantage「もっと」はplusに置き換えても問題ありません。
非人称構文を用いる例も見てみましょう。

Il te faut travailler plus. / Il te faut travailler davantage.

間接目的のteがなければ誰のことなのか分からなくなります。

② もっと勉強したほうがいいよ。

ここでは「助言」を考えましょう。日本語もフランス語も発想が同じところがじつに面白いのですが、「〜したほうがいい」という表現のなかには暗黙のうちに比較が入っていますね。これはフランス語でも同じなのです。bien の比較級 mieux を用いた Il vaut mieux + 不定詞、あるいは Vous feriez mieux de + 不定詞（Tu ferais mieux de + 不定詞）という表現があります。前者は非人称主語を用いますから、主語はあいまいなままになります。vaut は valoir「価値がある」という動詞です。後者では faire が条件法現在で用いられています。

さて、設問ですが、次のようになります。

Il vaut mieux travailler davantage.
Tu ferais mieux de travailler davantage.

これとは別に conseiller「忠告する」、proposer「提案する」という動詞を用いることで同じニュアンスを表現することもできます。その場合、主語は「私」です。

Je te conseille de travailler davantage.
Je te propose de travailler davantage.

いずれも de + 不定詞をともなって用いる動詞です。
また「〜したほうがいいよ」の「いいよ」に引っ張られ過ぎているかもしれませんが、c'est bien de + 不定詞という表現も可能です。

C'est bien de travailler davantage.

③ 掃除が終わったら、もう帰ってもいいですよ。

同じ「いい」でも、それが許可の意味で用いられる場合があるのでしたね。それならもちろん pouvoir を用いて表現することになります。

Vous pouvez partir après le nettoyage.

　すごくシンプルに考えてみました。「掃除する」にはfaire le ménageという表現がよく出てきますが、それはménage「家事」という語からも想像できるように「家の掃除をする」ことです。この例の場合、たとえば学校のような場面が想像されますから、これは使えません。

　nettoyageを動詞nettoyerにしてもかまいません。「〜した後で」がaprès＋助動詞＋過去分詞になることに注意してください。この表現を用いれば「〜したら、もう...」というふたつのアクションの緊密な関係が表現できます。

Vous pouvez partir après avoir nettoyé.

　「帰る」をpartirにしたのはrentrer「家に帰る」よりも自然な感じがしたからです。家に帰るとは限りませんからね。

　ところで、もっと細かいニュアンスを気にすれば、「帰ってもいい」ということは「帰らなくてもいい」ということです。つまり「帰りたければ、帰れる」というわけですから、si vous voulez「もしあなたが望むならば」という、フランス人が大好きな表現を添えることもできます。

Partez si vous voulez après le nettoyage.

　si vous voulezが添えられていれば動詞が命令形でもそれほど強い命令には響かないでしょう。むしろ次の例のように、はっきりと「許可」を表す動詞を用いたほうが、許可を与えるという行為そのものに焦点があたって、強圧的な感じがします。

Je vous permets de partir si vous finissez de nettoyer.
もしあなたが掃除を終えたなら、私はあなたに帰る許可を与えます。

　動詞permettre「許可する」を使いました。この形にすると、後半をきちんと節にして、掃除をするのが誰なのかを示さなければ文意があいまいになります。

さて、次の例にはちょっと微妙な問題がふくまれています。

④「暖房を消してもいいですか。」「お願いします。」

前半は単純に「許可」を求めているのでしょう。ですからpouvoirを用いてみましょう。chauffage「暖房」はもちろんchaud「暑い」から来た名詞です。ちなみに「暑さ」ならla chaleurですね。日本語でも暖房を「切る」と言うことがありますが、フランス語でもcouper「切る」を動詞に用います。

Puis-je couper le chauffage ?

puis-jeはje peuxの倒置形です。
あるいは相手の「許可する」という行為に焦点をあてて、

Permettez-moi de couper le chauffage.
私が暖房を切ることを許可してください。

もうひとつとてもフランス語らしい表現をさがせば、déranger「邪魔をする」という動詞を用いて、

Ça ne vous dérange pas de couper le chauffage ?
暖房を切ってもあなたにはさしつかえないですか？

という表現があります。

さて、これに対する返事が問題です。「お願いします」が設問になっていますが、「いいですよ」という返事との差が説明されていましたね。「お願いします」なら、これがいいでしょう。

Oui, s'il vous plaît.

あるいは、この段階で早くもお礼の意を表してしまって、

C'est gentil.

も用いられます。いっぽう「いいですよ」は生徒から先生には失礼かもしれませんが、Oui, comme vous voulez.「お好きなように」などはどうでしょう。

§16 「おいしいステーキが食べたいなあ。」
"意志・願望の表現"

次に、意志や願望などの表現を見ていきます。

意志は、「しよう」のような意向形のほか、「する」のような終止形でも表されます。「する」は、「ぞ」のような終助詞を伴うこともあります。

(1) **来年こそアメリカに留学しよう。**
(2) **絶対、コンクールで優勝するぞ！**

「しよう」よりも「する（ぞ）！」のほうが、強い意志を表します。

意志や願望を具体的な行動に移す決心を表すには、次の表現が使われます。

(3) **長年の夢だったアメリカ留学を、今年こそかなえるつもりです。**
(4) **今年の秋、アメリカに留学することにした。**
(5) **これからは遅刻しないようにします。**

(3)のような「つもりだ」よりも、(4)のような「ことにする」のほうが、具体的で現実的な決心を表します。(5)の「ようにする」は、習慣的な動作や状態の実現に向けて努力をするという意味で使われます。なお、「つもりだ」の否定には、「家へ帰らないつもりです」と「家へ帰るつもりはありません」の2つの表現がありますが、後者のほうが強い否定です。

願望の表現には次のようなものがあります。自分が動作をする場合には「〜たい」、物には「ほしい」、ほかの人の動作を望む場合には「〜てほしい」を使います。

(6) おいしいステーキが食べ<u>たい</u>なあ。
(7) 新しいテニスのラケットが<u>ほしい</u>。
(8) 彼女に優勝し<u>てほしい</u>。

「〜たい」と「ほしい」は、ふつう、対象を「が」の格で表します。「〜てほしい」は、「〜てもらいたい」と言うこともできます。

願望は本人しかわかりません。ですから、日本語では、「×妻は、ステーキが食べたい。」や「×夫は、テニスのラケットがほしい。」のように第三者を主語にして「〜たい」や「ほしい」は使えません。代わりに、気持ちを感じ取って、「妻は、おいしいステーキを食べたがっている。」や「夫は、テニスのラケットがほしそうだ。」のように「〜がる」や「〜そう」「〜らしい」などを使って表現します。日本語は、直接感じていることと、間接的に感じ取ってわかることを、こういう場合にも表現し分ける言語なのです。

Q 作文してみよう

① 来年こそアメリカに留学しよう。
② 長年の夢だったアメリカ留学を、今年こそかなえるつもりです。
③ おいしいステーキが食べたいなあ。
④ 夫は、テニスのラケットをほしがっている。

A ここでは「意志」や「願望」の表現について考えます。これについてはフランス語で用いられる動詞の多いことに驚かされます。まずはリストアップしてみましょう。

「意志」を表す動詞や表現にはvouloir「〜したい」、penser「〜と考える」、compter「〜するつもりだ」、avoir l'intention de + 不定詞「〜する意図を持っている」(いずれも訳は便宜的なものにすぎません)といったものが挙げられます。

vouloirはje voudrais…の形(条件法現在)でもよく用いられて、丁寧なニュアンスを出します。Je voudrais devenir danseuse.「私はダンサーになりたいわ」。とても広い意味を持っているので「意志」を表していると同時に「願望」をも表していると言えます。

penserは不定詞を従えて、Je pense finir ce travail cet après-midi.「この仕事を午後に終えるつもりだ」のように用います。もちろん、心の奥底には「思う」というニュアンスが残っています。

これにくらべるとcompterには「意志」が強く出ているように感じます。Je compte visiter ce musée.「あの博物館を見学するつもりだ」というように使います。また、単純未来形を用いることで一般的に「意志」を表現することができます。Je partirai demain à midi.「明日、正午に発つんだ」。

「願望」のニュアンスが出る表現にはsouhaiter, espérer, désirerといった動詞が挙げられます。これらはいずれも節を従えて用いることが多い動詞です。Je souhaite qu'il vienne me voir.「私は彼が会いに来てくれることを望む」(que以下は接続法)。J'espère qu'il fera beau demain.「明日、天気が良いことを期待する」(que以下は直説法)。Je désire qu'elle reçoive mon cadeau.「彼女がプレゼントを受け取ってくれることを望む」。また、avoir envie de + 不定詞「〜する欲望を持っている」という表現もよく用いられます。Il a envie de prendre un congé.「彼は休暇を取りたい」。

これらは文脈によって微妙なニュアンスの差が出る場合もありますが、おおむね同じような意味で用いられると考えて差しつかえありません。

まずは意志がはっきり感じられる例から取り上げましょう。

① 来年こそアメリカに留学しよう。

「留学する」というズバリの表現はフランス語にはありません。(aller) étudier à l'étranger「外国に勉強に行く」とするか、あるいは具体的な国や都市を「外国」の代わりに用いて étudier à Paris「パリで勉強する」などとするほか手がありません。

J'irai étudier aux Etats-Unis l'année prochaine.

「こそ」にこだわれば、pour でアクセントをつけてもいいでしょう。

Pour l'année prochaine, j'irai étudier aux Etats-Unis.

この例は単純未来形を用いて「意志」を表したわけですが、左ページに挙げた動詞ならどれでも用いることが可能です。

Je compte étudier aux Etats-Unis l'année prochaine.

このように動詞＋不定詞の形にするのであれば、aller étudier は動詞が続いてくどいので、étudier だけでまとめましょう。

もうひとつ「意志」の例です。

② 長年の夢だったアメリカ留学を、今年こそかなえるつもりです。

先に述べたような理由で「留学をかなえる」という日本語はフランス語にするのが難しく思われます。「〜することを実現するつもりだ」というふうに意を汲む必要が出てきます。réaliser「実現する」などを使ってみましょう。

Cette année, je compte réaliser mon vieux rêve d'étudier aux Etats-Unis.

「長年の夢だった」は「私の古くからの夢」と変形します。

ところで、日本語の解説ページにあったように「〜するつもり」が「〜することにした」になると「決心」に近くなります。そうなればフランス語としてはもはや「意志」ではなく décider のような動詞を用いてニュアンスを出すことになります。se décider à ...

「〜することを決心する」という代名動詞がピッタリです。

Je me suis décidé à étudier aux Etats-Unis, ce dont je rêve depuis longtemps.

ここで用いたce dontは前の内容を受ける関係代名詞です。rêver de ...「〜を夢見る」という語法をふまえて、前の内容とdeを介してつながっています。「そのことを〜」という意味です。

では今度は「願望」に移りましょう。

③ おいしいステーキが食べたいなあ。

一般的にはvouloirを用いればよいと思いますが、そのほかの動詞や表現でももちろんかまいません。ただしespérer「希望する」を用いると「期待」のニュアンスがやや強まって、ちょっとズレてしまうでしょう。むしろ、avoir envie de + 不定詞のほうがシンプルに「願望」を表します。

Je voudrais manger un bon bifteck.
J'ai envie de manger un bon bifteck.

もしespérerを用いるならば、J'espère que ce bifteck est bon.「このステーキがおいしいことを期待する」という構文のほうが自然です。しかし、そうなると文脈が変わってきて、もうステーキを注文して、それが出てくるのを待っているときの会話という感じになります。

さて、これまでの例はいずれも、話者の「意志」や「願望」を表すものでした。今度は第三者の「意志」や「願望」を表す場合について考えてみましょう。

④ 夫は、テニスのラケットをほしがっている。

フランス語の場合、日本語の「私は〜がほしい」「彼は〜をほしがっている」のように、主語によって用いられる動詞にちがいが出ることはありません。主語が1人称でも3人称でも、同じ動詞が用いられます。「私はテニスのラケットがほしい」Je voudrais une

une raquette de tennis. から考えると、設問はこうなります。

Mon mari voudrait une raquette de tennis.

もちろん、これではちょっと素っ気ないようでしたら動詞を補ってもいいでしょう。
たとえば「買いたい」のならば、

Mon mari voudrait acheter une raquette de tennis.

というようにしてかまいません。

また、少し深読みになりますが、ここには話者の、「夫」に対する配慮が感じられますね。そういう話者の態度をあえて出すならば、複文の形にすることも考えられます。

Je dis que mon mari veut une raquette de tennis.
夫はテニスのラケットをほしがっている、と私は言う。

さらには「ほしがっているらしい」というような推測の表現にしたほうが日本語として自然ならば、フランス語もそれに応じて前に紹介した「推測」を表わす表現を用いることになります。

J'imagine que mon mari veut une raquette de tennis.
Il semble que mon mari veuille une raquette de tennis.
夫はテニスのラケットをほしがっているようだ。

いずれかにします。同じような意味でも imaginer que... は直説法を、Il semble que... は接続法を要求します。

コラム **4**

その「～と思います」は必要ですか？

日本語では、よく、「と思います」を使います。話しことばならともかく、作文やレポートであまり使いすぎると、何だか主張の弱い文章になってしまいます。

(1) **主人公は、とてもさびしそうだと思いました。もっと、周りの人が助けてあげるべきだと思います。私が困っている人を見たら、ぜったい助けると思います。**

「と思います」には、2種類あります。「～そうだ」や「～べきだ」のような、話し手の判断を表す形式に付く場合には、「と思います」なしで「さびしそうでした」や「あげるべきです」と言っても、あまり大きな違いは感じられません。しかし、「ぜったい助けます。」と「ぜったい助けると思います。」とでは、決心の強さに違いがあるように感じられます。

フランス語では、どんなときに「～と思います」に相当する表現を使いますか。

フランス語では日本語の「と思います」をいちいち表すと、どこか奇妙な文になります。「では、授業を始めようと思います」という日本語には違和感を覚えませんが、Je crois que je commence la leçon. というフランス語には、どうして je crois... 「私は思います」が必要なのか疑問が湧いてしまいます。Je commence la leçon. で良いではないかというわけです。

そういうストレートな言い回しを避ける表現をフランス語に探すなら、je voudrais... や j'aimerais... 「〜したいのですが」がそれにあたるでしょう。動詞が条件法になっていることで、語気を和らげるはたらきが出てきます。しかし、日本語の「思います」と同様に、随所に用いたら不自然に響きます。

日本語の「と思います」と正確に対応するわけではありませんが、フランス語には接続法というしくみがあって、主節に強い気持ちが現れると、その気持ちのほうに焦点をあてるために、出来事が直説法から接続法にモードを変えて表されます。つまり、出来事をストレートに述べるのではなく、思ったこととして表すのです。日本語の「と思います」は話者が「考えている」ことを言う表現というよりもむしろ、ストレートに言わないための記号のように思われますが、どこかフランス語の接続法に通じるところがあるように思われます。

Je veux qu'il vienne à 2 heures.　私は彼が2時に来ることを望む。

vienne が venir の接続法です。「望んで」いる事柄なので実現するかどうかは別問題というわけです。これに対して、出来事を実際のことだというモードで表現するならば直説法のままでかまいません。

Je crois qu'il vient à 2 heures.　彼は2時に来ると思う。

この「と思う」は本当に考えている事柄を表しています。直説法につながる表現なのか、接続法につながる表現なのかはそれぞれの語法として定まっています。

§17 「雨が降るから、傘を持っていきなさい。」

"原因・理由と逆接の表現"

　日本語では、「から」や「て」などの接続助詞と呼ばれる助詞を用いて、より複雑な文、つまり複文を作ります。複文にはいろいろな意味による結びつきがありますが、ここでは、原因・理由と逆接の表現を見ていきましょう。

(1) **雨が降るから、傘を持っていきなさい。**
(2) **雨が降らないので、農家の人が困っています。**
(3) **風邪を引いて学校を休んだ。**

　原因や理由を表す代表的な接続助詞は、「から」と「ので」です。「から」は、後ろに依頼や命令、あるいは推量の表現が来る場合に使われる、主観的な原因や理由の把握を表す接続助詞です。一方、「ので」は、(2)のような客観的な描写によく使われます。因果関係を過去の事実として簡潔に表す場合には、(3)のように「て」を使います。
　原因や理由を表す表現には、ほかにも次のようなものがあります。

(4) **大雨が降ったために、作物が全滅した。**
(5) **インフルエンザが流行したせいで、旅行が中止になってしまった。**

　「ために」は、より客観的でかたい文章でもよく使われます。また、(5)のような、前の部分が原因となって「悪い事態が実現した」ことを表す「せいで」や、逆に、「よい事態が実現した」ことにも使える「おかげで」などの表現も、原因や理由を表すために使われます。
　日本語にこのように多様な原因・理由の表現があるのは、日本語が、主として言いたい部分よりも原因・理由を表す部分をふつう前に置く言語だからです。最後まで聞かないと文全体の伝えたいこと

がわからないのでは困るので、接続表現を聞けばある程度推測できるようにしているのです。

これは、逆接の「ても」と「のに」の場合にも言えます。

(6) **彼女は、お金がなくても、いつも笑顔を絶やさなかった。**
(7) **せっかくケーキを作ったのに、彼は食べてくれなかった。**

(6)は「なかったが」と言っても同じ意味です。(7)の「のに」は、より主観的で、「せっかくケーキを作った」というできごとから予想される結果が得られないことに対する驚きや不満を表します。

このように、接続助詞自体が後の部分を予測させる力をもっていることから、後の部分を言わない用法も発達しました。

(8) **会議、もうすぐ終わるからね。**
(9) **せっかく作ったのに。**

(8)は、要求部分を聞き手の想像に任せることで、やわらかく「待っていてね」などと要求しています。また、(9)は、「食べてくれない」または「食べてくれなかった」ことをうらめしく思っていることを表しています。

日本語の語順ならではの形式の多様性と働きがあるのです。

Q 作文してみよう

① 雨が降るから、傘を持っていきなさい。
② 風邪を引いて学校を休んだ。
③ せっかくケーキを作ったのに、彼は食べてくれなかった。
④ せっかく作ったのに。

A 日本語に劣らず、フランス語にも「理由」を表す表現がたくさんあります。日本語では「〜から」が主観的、「〜ので」が客観的な表現だと説明がありました。フランス語でもこれとよく似たニュアンスの差があります。

たとえば、parce que...が「相手の知らないこと」を理由として持ち出すのに対し、puisque...は「自分も相手も分かっていること」、つまり明白で客観的な事実を理由として持ち出します。傾向としては、parce que...が主節に続けて用いられるのに対して、puisqueは主節に先だって用いられることが少なくありません。これは前半を前提にして、後半で言いたいことを述べるという原理に照らすと、なるほどとうなずけます。

Je cherche un stylo parce que j'ai envie d'écrire une lettre.「私がペンを探しているのは手紙を書きたいからです」。これは「手紙を書きたいからだ」という内容に意味の比重が大きくかかっています。しかし、同じ内容が、Puisque j'écris une lettre, je voudrais être seul. となって、「手紙を書いてるのでひとりになりたい」ならば、理由よりも「ひとりになりたい」のほうに意味の重点が置かれます。「から」と「ので」の差とある程度似ているところがあります。

この前後の意味の比重を逆転させるのが、carという接続詞です。carはあくまでも主節に対する「補足的な説明」の役目をになっています。Je cherche un stylo, car j'ai envie d'écrire une lettre.「ペンを探してるんだ、手紙を書きたいんでね」と訳すとフランス語のニュアンスが出てきますね。

また、やはり理由を表す接続詞の代表格であるcommeは主節に先だって置かれることになっています。これもメッセージの主眼は主節のほうにあるのですね。Comme il pleut, je prends un taxi.「雨なので、私はタクシーを拾う」というふうに用います。

これに対してジェロンディフは、主節の動作を表す場合にかぎって用いられるので「雨なので、私は〜」というタイプの文に適用することはできません。次の文ならばその点はクリアしています。

En écrivant une lettre, je voudrais être seul.

ただし、ジェロンディフという形はさまざまな意味に解することができるので、必ずしも「理由」の意味にしぼりきれないことも忘れないでください。この文も「手紙を書くので」という意味に限らず、たとえば「手紙を書くために」という「目的」の意味に解釈することもできますし、さらには「手紙を書くときには」（同時）とか「手紙を書くなら」（条件）などと、意味がどんどん広がってしまいます。

　さて、こうしたことを頭に入れながら設問に取り組みましょう。

① 雨が降るから、傘を持っていきなさい。
　「雨が降る」という認識を、話し手と聞き手が共有できているかどうか考えましょう。共有できていないのではないでしょうか。言われて初めて、そうか、雨になるんだ、というふうに思ったにちがいありません。そうなると parce que が使いやすいですね。

Prends ton parapluie parce qu'il pleut.

　parapluie「雨傘」につく冠詞類はunではちょっと変でしょう。どれでもいい不特定の一本ではないからです。ton「きみの」という所有形容詞をつけました。ちなみに、「雨が降ってるんだから傘を持っていきなさい」という日本語だったら、Prends ton parapluie puisqu'il pleut. となるのですね。

　この「理由」からちょっと展開したものに「原因」「結果」の表現があります。いちばん簡単な「結果」の表現はdoncという語でしょう。alorsやainsiもこれと似た使い方ができます。

② 風邪を引いて学校を休んだ。
　さっそくdoncを用いてみます。

J'ai attrapé froid. J'ai donc été absent de l'école.

　doncを2番目の文の冒頭に持ってくると、ちょっと大袈裟な感じになりますからお勧めできません。
　「風邪をひく」はattraper froid、あるいはprendre froidという熟

語的な表現になります。attraper la grippeは「インフルエンザにかかる」。症状に応じて使い分けてくださいね。また、absent de...で「～にいない」という語法になることも注意してください。àを用いてしまう誤りが目立ちます。

「結果」といっても、もっと論理的な関係を強く押し出すときにはpar conséquentという熟語が用いられます。Son père est mort. Par conséquent il lui succède.「父親が死んだ。その結果、彼が後を継いでいる」。

c'est pourquoiという表現も便利です。Il est tombé dans la rue, c'est pourquoi il a mal à la jambe.「彼は通りで転んだ。だから脚が痛い」。

ところで「結果」を表す文は、視点をさかさまにすると「原因」を表す文になります。つまり「学校を休んだ」原因が「風邪をひいたこと」という関係です。

Il a été absent de l'école à cause de la grippe.
彼はインフルエンザのせいで学校を休んだ。

à cause de + 名詞（不定詞は続きません）という表現は主に「障害となる原因」を表します。この点でgrâce à...「～のおかげで」とは対照的な表現になっています。Mon travail marche bien grâce à son conseil.「彼のアドヴァイスのおかげで私の仕事はうまくいっている」。

ここからが応用です。まずは「逆接」の理由「～のに」を考えましょう。

③ せっかくケーキを作ったのに、彼は食べてくれなかった。

「のに」は「にもかかわらず」という意味の譲歩の表現です。よくbien que + 接続法「～にもかかわらず」という接続詞句が用いられますが、日常的なシチュエーションに用いるにはちょっと固い表現なので、シンプルな逆接のmaisを用いるほうが自然でしょう。また「せっかく」という日本語もあえてフランス語にしてしまうと、取ってつけたようになってしまいます。pour lui「彼のために」と

補ってそのニュアンスを出しましょう。

J'ai fait un gâteau pour lui, mais il n'en a pas mangé.

後半の「〜してくれる」も、先に§10の設問④で考えたようになかなかフランス語には訳出できないところですからフランス語ならではの工夫が必要です。

ここでは、日本語にこめられている残念な気持ちを前面に出してみましょう。c'est dommage que + 接続法を用います。

J'ai fait un gâteau pour lui, mais c'est dommage qu'il n'en ait pas mangé.

前半の時制を大過去にして、彼がケーキを食べなかったそのときに、ケーキができていた、というニュアンスをはっきりさせてもいいでしょう。préparer「準備する」も使えます。

J'avais préparé un gâteau, mais il n'en a pas mangé.

④ せっかく作ったのに。

省略の多い日本語なので、フランス語にするためにさまざまな要素を補います。そこで、主語はjeと想定します。目的語は代名詞enを付け加えます。

J'en ai fait, mais...

mais...を用いると、残念な気持ちがうまく表現できます。

「せっかく」をフランス語にしようとすればmalgré que + 接続法「〜にもかかわらず」を用いるのもいいでしょう。

Malgré que j'en aie fait,...

もちろん「残念」というニュアンスを大胆に補ってもいいでしょう。

C'est dommage. J'en ai fait pour toi.
残念だわ。あなたのために作ったのに。

§18 「春になると花が咲く。」
"条件と時間の表現"

複文のもっとも重要な表現のひとつに、条件の表現があります。

(1) 春になると花が咲く。
(2) 雨が降れば、お祭りは中止になる。
(3) 飲んだら乗るな。乗るなら飲むな。

「と」「ば」「たら」「なら」に代表される条件の表現も、日本語は豊富です。「と」は恒常的な条件で、(1)のような毎年そうなっているという場合のほか、数学の説明にもよく使われます。「ば」は、一般的な条件です。(2)では「雨が降らなければ中止にならない」という裏の意味があります。「ば」は、また、「どうすれば来てもらえるんですか。」のように、疑問詞を伴って条件を聞く場合にもよく使われます。「たら」は、本来、完了の助動詞ですから、「その後で」という意味を含みます。反対に「なら」は「そのような既定事実がある場合には」という意味になります。

「と」と「たら」の文の最後が過去の場合、ふつうは、話し手の観察や発見が示されます。

(4) デパートに {行くと/行ったら} 閉まっていた。

(4)では、「デパートに行った」話し手が、「デパートが閉まっていた」状況を観察していることを表しています。このように、日本語の「と」や「たら」は、単なる条件と言えないこともあるので注意したいものです。

条件表現には、実際におこらなかったことに対し空想する用法もあります。

(5) お金が十分にあれ<u>ば</u>、旅行に行くのに。
(6) 一本前の電車に乗っていた<u>ら</u>、事故に遭っていただろう。

(5)は「お金が十分にないから、旅行に行けない。」という意味です。(6)も同様で、事故に遭ってはいません。

条件表現と似ているのが、時間の表現です。

(7) 彼は、困った<u>ときには</u>、必ず助けてくれる。
(8) 子どもが寝ている<u>間に</u>、買い物に行ってきました。

(7)は「困ったら」と言い変えることもできます。(8)は、後ろに来るできごとが、一回きりの動作か変化でなければなりません。たとえば、後ろに、一定の時間持続した「本を読んでいました。」のようなできごとが来たら、「間に」を「間」として、次のように言わなければなりません。

(9) 子どもが寝ている<u>間</u>、本を読んでいました。

日本語は、いろいろなところで、後に来ることばを予測させる言語なのです。

Q 作文してみよう

① 雨が降れば、お祭りは中止になる。
② デパートに行ったら閉まっていた。
③ お金が十分にあれば、旅行に行くのに。
④ 子どもが寝ている間に、買い物に行ってきました。

A 「条件」の表現には、いちばんシンプルなsi...を使うのが一般的ですが、そのほかにもさまざまな表現のなかに「条件」のニュアンスが隠れていることがあります。

　si...を用いる場合、単なる仮定を表す場合と、現実と異なる仮定を表す場合では時制が変わってきます。Si tu vas le voir, tu lui passeras ce message.「もしきみが彼と会ったら、このメッセージを渡してくれ」。この仮定は実現する可能性を残しています。そのときはsi + 現在形でかまいません（未来のことでも）。

　それに対して、S'il était ici, je lui passerais ce message.「もし彼がここにいたら、このメッセージを渡すのに」という文は、「彼がいないから」、メッセージを「渡せない」という現実をふまえて、あえて現実と異なる仮定をしています。現在の事実と異なる仮定にはsi + 半過去、過去の事実と異なる仮定をするときにはsi + 大過去を用います。S'il avait été ici, je lui aurais passé ce message.「彼がここにいたなら、メッセージを渡せたのに」。なお、si + 半過去、大過去で仮定したことにともなう「結果」には条件法を用います。現在の事柄には条件法現在、過去の事柄には条件法過去を用います。

　condition「条件」という語を用いれば、à condition de + 不定詞「〜という条件で」という表現があります。Tu peux sortir à condition de rentrer avant 8 heures.「8時までに帰ってくるなら出かけていいよ」。

　au cas où + 条件法という表現も「条件」を表します。Je resterai à la maison au cas où il pleuvrait.「雨なら家にいます」。

　そのほかà moins que + 接続法は「〜だったらべつだ」というニュアンスの表現としてよく用いられます。Il arrive à l'heure à moins qu'il y ait un embouteillage.「彼は時間通りここに着くよ、渋滞だったらべつだけど（＝渋滞でないかぎりは）」。

　ジェロンディフも「条件」を表すことができますが、§17でも述べたようにジェロンディフはさまざまな意味に解釈できますから、文脈によっては条件の意味に解釈されないおそれも出てきます。Tu peux le voir en venant avant 7 heures.「7時前に来れば彼に会えるよ」。この文ならば、ほぼ間違いなく、「条件」の意味に解釈

できます。

　前置詞のavecやsansも「条件」を表すことがあります。Tu pourrais réussir avec un peu plus d'efforts.「もうちょっと努力すれば成功するよ」。あるいは、Je ne pourrais pas aller en France sans toi.「きみがいなければフランスに行けません」。

　さて、設問を考えましょう。

① 雨が降れば、お祭りは中止になる。

　単純な仮定の文と考えていいでしょう。雨が降る可能性もあるわけですから、si＋現在形の仮定でかまいません。「中止になる」はannuler「中止する」を受身で用います。

　S'il pleut, la fête sera annulée.
　La fête sera annulée au cas où il pleuvrait.

どちらでもいいでしょう。「中止になる」というのは「中断する」interrompreとは違いますから気をつけてください。また、複文にすることを避ければ、

　La fête sera annulée en cas de la pluie.
　お祭りは雨の場合、中止になる。

こうなるとla pluieよりは…en cas de mauvais temps「悪天候の場合」という表現のほうがしっくりします。

　ところでお祭りのようなイベントが「おこなわれる」という意味のフランス語はavoir lieuやse tenirに相当します。これを否定形で用いてもかまいません。

　La fête ne se tiendra pas s'il pleut.

これもすっきりしていていいですね。
次はどうでしょう。

② デパートに行ったら閉まっていた。

　この「たら」に、話し手の「発見」というニュアンスがこめられ

ているという説明がありましたが、まずはそれにこだわらずにフランス語にしてみます。「デパート」はgrand magasinです。「閉まっている」はferméです。

Je suis allé au grand magasin, mais c'était fermé.
私はデパートに行ったが、閉まっていた。

後半で半過去が出てくるのは、前半の複合過去の出来事の背景を表しているからです。
前半と後半はquand「〜するとき」でつないでもいいでしょう。

Quand je suis allé au grand magasin, c'était fermé.

日本語にある「発見」のニュアンスにこだわれば、voir「見る」を用いてそのニュアンスを出すことができます。

Je suis allé au grand magasin, j'ai vu qu'il était fermé.

ふたつの複合過去は出来事がその順番で起こったことを表します。後半のqu'以下の半過去は主節j'ai vuとの時制の一致をしています。主節と同時に起こった事柄を表しています。
さて、今度は現実と異なる仮定です。

③ お金が十分にあれば、旅行に行くのに。

ということは、実際には「お金がないから旅行に行かない」わけです。先にも出した公式どおり、si + 半過去で「実現してないこと」を仮定する表現を用いましょう。

Si j'avais assez d'argent, je partirais en voyage.

「十分」をassez de...にしましたが、ニュアンスによってはbeaucoup de...「たくさんの」としてもいいでしょう。また、「旅行に行く」は単なるvoyagerではなく「出発」のニュアンスも汲み取ってpartir en voyageを用いました。

べつの表現を用いることも考えてみましょう。たとえば、Je partirais en voyage à condition d'avoir assez d'argent.「私は十分

なお金があるという条件で旅行に出発する」としたらどうでしょう。一見よさそうに思えますが、必ずしも現実とは異なる事柄を仮定したものとは言えなくなってしまいます。

最後は、時間の表現と条件の表現との関係を考えましょう。

④ 子どもが寝ている間に、買い物に行ってきました。

「買い物に行く」はaller faire des coursesにしましょう。単純に考えればpendant que...「〜する間」を用いれば済むように思われます。「寝ている」は「眠っている」ということでしょうからdormirを半過去で用います。それを背景にして後半の事柄が複合過去になります。

Pendant que mon enfant dormait, je suis allé faire des courses.

しかし、これでは「間」というニュアンスは出ても、「間に」というニュアンスが欠落してしまいます。「間に」という表現には「〜するまでに」「〜しないうちに」というニュアンスが含まれているのです。そこで、こういうふうに書き換えてはどうでしょう。

Je suis allé faire des courses avant que mon enfant ne se réveille.
私は子どもが目を覚まさないうちに買い物に行った。

avant queは接続法を要求します。また続く節の中には「心理的なne」が用いられる傾向が強くあります。「寝ている」も意味をあえて逆転させて「目を覚ます前に」というふうにしました。

ところで、設問は買い物に「行った」ではなく「行ってきました」ですね。「帰ってきた」という意味に解釈してrentrer「帰る」を用います。

Je suis rentré des courses avant que mon enfant ne se réveille.
私は子どもが目を覚ます前に買い物から戻った。

こうすると、時間の関係がよりはっきりと出てきます。

§19 「パリに着いた3日後、彼はローマに発った。」
"名詞修飾表現1"

　名詞修飾表現を使って複文を作ることもあります。日本語では、修飾する部分（下線部分）を修飾される名詞（□部分）の前に置くだけで、名詞修飾表現が作れます。

(1) <u>音楽を聴いている</u> 男の人 が後ろに立っていた。
(2) <u>彼がCDを買った</u> 店 は、あそこです。

　(1)は、「男の人が音楽を聴いていた」という関係にあります。つまり、「男の人」は、下線部分の動詞「聴く」の主語にもなっているのです。一方、(2)では、「(その)店でCDを買った」という関係にあります。英語なら関係代名詞か関係副詞かでもめるところですが、日本語は並べるだけでいいのです。
　さらに、次のように言うこともできます。

(3) <u>パリに着いた</u> 3日後 、彼はローマに発った。

　これも、考えてみれば、「パリに着いた日の3日後」と言うべきかもしれませんが、日本語ではこれでいいのです。
　下線部が、修飾される名詞の内容を表す場合もあります。

(4) 彼は、<u>日本語を教える</u> ボランティア をしている。
(5) <u>我が子が笑っている</u> 写真 は、いつ見ても心が和む。
(6) <u>事故でおおぜいけがをしたという</u> うわさ は、本当ではなかった。

　(6)のように、話したことや考えたことの内容を表す際には、必ず「という」を使います。
　日本語では、修飾される名詞を修飾する部分の後に置きます。そ

の分、名詞修飾表現を使う際には、ちょっとした計算が最初に必要です。しかし、人間は、あとから限定することばを付け加えたいと思うことも少なくありません。そんなとき、特に話しことばで現れるのが次のような名詞修飾表現です。

(7) あの本、持ってる？ あの、先週、貸してくれるって言ってた やつ 。

(7)は、「あの、先週、貸してくれるって言ってた 本 、持ってる？」とでも言えるでしょうか。しかし、実際の話しことばでは、(7)のように言うことも少なくありません。

「ところ」を使った言い方も見ておきましょう。

(8) 彼は、沖で溺れているところを漁船に救助された。

(8)の「ところを」は、「彼が漁船に救助された」ときの状況を表しています。「ところを」には、「お忙しいところを、わざわざ来ていただいてすみません。」のような、逆接に近い用法もあります。

Q 作文してみよう

① 音楽を聴いている男の人が後ろに立っていた。
② パリに着いた3日後、彼はローマに発った。
③ 彼は、日本語を教えるボランティアをしている。
④ あの本、持ってる？ あの、先週、貸してくれるって言ってたやつ。

A　なるほど、日本語は「名詞修飾表現」でさまざまなロジックを処理してしまうわけですね。たしかにフランス語ならば関係詞を用いたり、前置詞を使ってことばを「構造化」しなければならないところです。フランス語の場合、原則的には名詞を修飾するのは形容詞にかぎられています。「学生証」のように漢字をつなげてことばを作るわけにいかず、carte d'étudiants というように必ず前置詞をつなぎにします。つなぎに用いられる前置詞はdeだけではなく、「コーヒーカップ」tasse à café のようにà（用途を示す）になることもあります。

　けれどもフランス語でも、動詞から作られた現在分詞や過去分詞は、つまりは動詞を形容詞的に用いるための手段ですから、たとえばrouler「回転する」はroulantという現在分詞の形で名詞を修飾します。escalier roulant「回転する階段」、これは「エスカレーター」のことです。いっぽう、同じ動詞の過去分詞rouléはgâteau roulé「ロールケーキ」というようにやはり名詞を修飾します。現在分詞のほうに能動的な意味（回転するのは「階段」です）があり、過去分詞のほうに受動的な意味（「ケーキ」が回転させられます）があります。

　「私が買う本」のように名詞を文が修飾する場合、フランス語では関係詞が用いられます。関係詞に導かれる節を「関係詞節」と呼びますが、「形容詞節」と呼んだほうが分かりやすいですね。簡単に復習をしておけば、先行詞（＝名詞）が関係詞節（形容詞節）の主語として機能する場合、quiを用います。Le garçon qui parle avec Paul est mon frère.「ポールと話している少年は私の弟だ」。先行詞が関係詞節の直接目的として機能する場合、queを用います。Le garçon que tu as vu est mon frère.「きみが会った少年は私の弟だ」。deを媒介にして結びつく場合、dontという関係詞を用います。Le garçon dont tu parles est mon frère.「きみが話題にしている少年は私の弟だ」。

　前置詞を使って補語を作る場合も、関係代名詞を用いる場合も、そして一般にフランス語では形容詞は名詞の後ろに置かれるために、フランス語は日本語とは正反対に、修飾語句が名詞の後ろに現れるパターンが基本になっています。

では、さっそく関係詞を使う例から考えましょう。

① 音楽を聴いている男の人が後ろに立っていた。

「男の人」を「音楽を聴いている」が修飾しています。「男の人」が主語の役目もしていますから、l'homme qui écoutait de la musique が名詞+関係詞節になります。これを文全体の主語にします。

L'homme qui écoutait de la musique était debout derrière moi.

「立っている」はdeboutですね。

さて、この場合、必ずしも形容詞節を作らなくてもよいことに気がつきましたか。écouterの現在分詞を修飾表現として用いることも可能です。

L'homme écoutant de la musique était debout derrière moi.

なお、これをジェロンディフを用いた文、En écoutant de la musique,...とすると「音楽を聴きながら」という「同時性」のほうにニュアンスが移ってしまい、本来の修飾関係が薄くなってしまいます。

では、次はどうでしょう。

② パリに着いた3日後、彼はローマに発った。

主節のほうは、il est parti pour Romeで決まると思います。あえて言えば前置詞はàでもかまいません（partirは本来pourとともに用いられていましたが、近頃ではそのかぎりではありません）。問題は「パリに着いた3日後」です。これは「3日後」が「パリに着いた」の主語でも目的語でもありませんから、関係詞節を用いて表すことができません。

そこで「〜後」という意味の前置詞aprèsの用法を考えてみることにしましょう。まずaprès son mariage「結婚した後」という用法があります。「3日後」ですからaprès 3 joursとしてしまうと、「パリに着く」という内容が入らなくなってしまいます。そこで、aprèsのもうひとつの用法（文法的には副詞になります）である、

時間表現 + aprèsの形を用いることになります。3 jours après son arrivée à Paris という形にすると解決です。

3 jours après son arrivée à Paris, il est parti pour Rome.

前半と後半を入れ替えてもさしつかえありません。

ちなみに同じ用法はavant「前」にもあります。3 jours avant l'examen, il a pris froid.「試験の3日前に彼は風邪をひいた」。

次は日本語の修飾部分が名詞の内容を説明する例です。

③ 彼は、日本語を教えるボランティアをしている。

文の基本構造は「彼はボランティアをしている」です。とても新しいフランス語なのですが、faire du bénévolat「ボランティア活動をする」という表現ができました。「彼はボランティア活動をしている」はIl fait du bénévolat. となります。これを使うならば「日本語を教えている」という内容との関係をどうつけたらいいでしょう。たとえばジェロンディフも用いてつなげるのも一案です。

「教える」にはenseignerという動詞を用います。

Il fait du bénévolat en enseignant le japonais.

ところでbénévolatという名詞のもとになっているのはbénévole「ボランティアの」という形容詞なのですが、これを用いるとすごくすっきりしたフランス語になります。professeur「教師」やdonner des cours「授業をする」を用います。

Il est professeur bénévole de japonais.
Il donne des cours bénévoles de japonais.

日本語の原文に対して何の過不足もありません。

いずれにしても、修飾部分は日本語のように名詞に対して前にまとまって置かれるようなことはありません。

最後に考えるのは、日本語の修飾部分を重くしない手だての例です。

④ あの本、持ってる？　あの、先週、貸してくれるって言ってたやつ。

　日本語の主旨を生かして最初の文でce livre「あの本」を出し、それを2番目の文のなかで代名詞で受けるという形にしたいと思います。そこで紹介したいのは代名詞celuiと関係代名詞qui, que, dontを組み合わせた形です。男性単数がcelui、女性単数がcelle、男性複数がceux、女性複数がcellesと変化します。「本」ならceluiを用います。Ce livre, c'est celui que je cherchais.「この本は私がさがしていたものだ」。

　ところで「貸してくれると言ってた」というところで問題が生じます。字義どおりにdire「言う」を用いると、その後にもうひとつqueで導かれる名詞節を作らなければならなくなって、文の構造が複雑になりすぎます。そこでひと工夫します。「言う」を、節を作らなくてもいいような動詞、たとえばpromettre「約束する」などの動詞に代えてみましょう。そうするとpromettre à＋人 de＋不定詞「人に～することを約束する」という構文が使えるようになるので、文の構造がシンプルになります。蛇足ながらdire à人 de＋不定詞は「人に～するように言う」という命令の意味になってしまいます。

　Tu as ce livre ? Celui que tu as promis de me prêter la semaine dernière.
　あの本を持ってる？　先週貸してくれるって私に約束したやつ。

　この文を関係代名詞queでひとつにまとめてしまうこともできますが、やや話しことばの調子からは遠くなります。

　Tu as le livre que tu as promis de me prêter la semaine dernière ?

　前から順番に意味が伝わっていくことを考えれば、それほど日本語のニュアンスからは隔たっていないように思います。
　フランス語の修飾語句は、後ろからが原則です。

§20 「仕事を終えた田中は、帰宅の途についた。」

"名詞修飾表現２"

　名詞修飾表現は、何のために使うのでしょうか。次の２つの文を比べてみましょう。

(1)　**練習問題ができた 子ども は、先生に見せに行った。**

(2)　**練習問題ができた 太郎くん は、先生に見せに行った。**

(1)と(2)では、同じ「練習問題ができた」という部分が次の名詞を修飾していますが、少し働きが違います。(1)では、「子ども」がおおぜいいる中から「練習問題ができた」ことに該当する人を選んでいます。それに対して(2)では、「太郎くん」は１人しかいませんから選ぶ必要がありません。「太郎くんは、練習問題ができたので、先生に見せに行った。」と言い換えられるように、「練習問題ができた」ことが「先生に見せに行った」ことの理由を表しています。
　(2)のような名詞修飾表現を、もう少し見ていきましょう。

(3)　**仕事を終えた 田中 は、帰宅の途についた。**

(4)　**赤い帽子をかぶった 花子さん 、今日はどこへ行くのかな。**

(5)　**いつもは成功する 山下 も、このときは失敗した。**

(3)は、「田中は、仕事を終えて、帰宅の途についた。」と、続けて起きる２つの動作を表しています。(4)は、「花子さんは、赤い帽子をかぶって、今日はどこへ行くのかな。」と、「行く」という動作に伴った状況を表しています。(5)は、「山下は、いつもは成功するのだが、このときは失敗した。」のように、逆接の意味をもっています。
　このような名詞修飾表現は、書くときに特に重要になってきます。

(6) 駅から私の家に来るときは、まず、この通りをまっすぐ公園まで歩きます。そこには、大きな噴水があります。そこを右に曲がって少し歩くとコンビニがあります。その上が私の家です。

(7) 駅から私の家に来るときは、まず、この通りをまっすぐ、<u>大きな噴水のある</u> 公園 まで歩きます。そこを右に曲がって少し歩くとコンビニがあります。その上が私の家です。

話すときには、(6)のように言ったりもしますが、書くときに(6)のようだと、あまり考えて書かれた文章であるようには感じられません。(6)の「そこには、大きな噴水があります。」が、道案内そのものではなく、道案内の途中の場所の説明だからです。このような説明をするときには、(7)のように名詞修飾表現を使いましょう。そうすると、「大きな噴水がある」ことが文として独立せず、結果、他の文のつながりがよくなります。

上手に名詞修飾表現を使うことで、文章全体がひきしまります。

Q 作文してみよう

① 練習問題ができた太郎くんは、先生に見せに行った。
② 赤い帽子をかぶった花子さん、今日はどこへ行くのかな。
③ いつもは成功する山下も、このときは失敗した。
④ まず、この通りをまっすぐ、大きな噴水のある公園まで歩きます。

前のページで説明されていた2種類の名詞修飾表現は、フランス語の文法ではしばしば関係代名詞の用法の区別として説明されています。すなわち「練習問題ができた子ども」は、修飾表現がつくことで「子ども」が全員ではなくなるので「制限的」な用法と言われます。そして「練習問題ができた太郎くん」は「説明的」な用法だと言われます。用法が分かれるからといって関係詞そのものを使い分けることはありませんが、多くの場合、説明的な用法の関係代名詞の前では（,）が挿入されて先行詞との間にちょっと距離がでます。しかし、これもそうなる傾向があるというだけの話です。

la mer, qui est toujours belle...「いつも美しい海」は説明的な用法であり、la mer qui est près de chez moi...「うちの近くの海」は制限的だということになります。

では、まずは関係代名詞のしくみに合致する例から考えましょう。

① 練習問題ができた太郎くんは、先生に見せに行った。

説明的な関係代名詞を用いる典型的な例でしょう。そもそも固有名詞にかかる修飾表現は説明的にならざるを得ません。誰かひとりの太郎くんを選択するわけにはいきませんから。「練習問題」はexercicesにしましょう。Taroを主語にする関係代名詞quiを用います。「見せに行く」はaller montrerを複合過去で用います。そしてses exercicesを受ける代名詞のlesをきちんと添えましょう。

Taro, qui a fait ses exercices, est allé les montrer au professeur.

「見せに行く」の「行く」は弱い意味の語句ですから、はっきり出してはくどいかもしれません。そう考えるなら、

Taro, qui a fait ses exercices, les a montrés au professeur.

このほうがすっきりします。ここで過去分詞montrésにsがついているのは、直接目的lesが前に出ているために起こる性数一致です。

関係代名詞を使う以外のやりかたもあります。たとえばaprès +

不定詞過去「〜したあとで」を用いてもじゅうぶんに日本語のニュアンスが出せるでしょう。

Après avoir fini ses exercices, Taro les a montrés au professeur.

さらにはジェロンディフも使えます。

En finissant ses exercices, Taro les a montrés au professeur.

この最後のふたつのフランス語は前半が副詞句になってしまうので、厳密には名詞修飾語句ではなくなってしまいますが、意味はそれほど変化しません。
さて、次の例は前置詞を使って修飾関係を表現するとよい例です。

② 赤い帽子をかぶった花子さん、今日はどこへ行くのかな。
まずは前置詞を使ってみます。服装に関しては前置詞avecだけで「〜を着て」という意味になります。

Avec son chapeau rouge, où Hanako va-t-elle aujourd'hui ?

直訳すれば「赤い帽子をかぶって」とでもしたいところです。va-t-elleはelle vaの倒置形。母音字の連続を避けるために-t-を入れています。
いっぽう、関係代名詞を用いた文もできます。これももちろん説明的な用法の関係代名詞になります。

Où Hanako, qui porte son chapeau rouge, va-t-elle aujourd'hui ?

どこにHanakoを持ってくるかによって幾通りものフランス語ができます。
あるいはさらに語順を動かして、

Où va-t-elle aujourd'hui, Hanako, avec son chapeau rouge ?

としてもいいでしょう。文の終わり方が名詞句になるので、リズムに落ち着きが出てきます。
今度は名詞修飾表現が逆接の意味を持つ場合です。

③ いつもは成功する山下も、このときは失敗した。

　この例では日本語からフランス語に訳すに際して、時制の関係を整理し直す必要がでてきます。表面的には日本語の「成功する」は現在形、「失敗した」は過去形ですが、前にも述べたように日本語の「する」とか「した」というのは完了のニュアンスの有無でしかありませんから考え直しましょう。フランス語では「失敗した」は複合過去でいいですね。échouerという動詞を使うことにします。ところがréussir「成功する」は現在のことではなくて、失敗したその時まではずっと成功していたのですが、一般的な真理として現在形で表してしまいます。「このときは」は「今回は」と解釈してpour cette foisとします。

Yamashita, qui réussit toujours, a échoué pour cette fois.

　いまひとつ日本語のニュアンスが伝わりきらないように感じます。おそらく「いつも成功する」というところを「それまで失敗したことがない」というふうにしたほうが、文意がシャープになるように思います。

Yamashita, qui n'a jamais échoué, a échoué pour cette fois.
これまで一度も失敗しなかった山下も、今回は成功しなかった。

　しかし、これはやはりéchouerが二回出てくるのでこなれていない印象を拭えません。
　「〜にもかかわらず」bien que＋接続法を用いて、論理をはっきりと前面に出すことも可能でしょう。

Yamashita a échoué pour cette fois, bien qu'il réussisse toujours.

　réussirの接続法現在形がréussisseです。réussirはfinirに代表されるタイプの動詞です。このタイプの動詞の接続法現在は、いずれもこのような語尾の活用になります（たとえば、choisir「選ぶ」：que je choisisse）。
　また、un succès「成功」という名詞を用いて表現することも可能です。habituel「いつもの」という形容詞を付けると、すっきり

したフランス語になります。ここでは「〜にもかかわらず」malgré を用います。

Yamashita a échoué pour cette fois, malgré ses succès habituels.

では、最後は文章的な表現と口語的な表現の差を考えましょう。

④ まず、この通りをまっすぐ、大きな噴水のある公園まで歩きます。

これは先のページで、名詞修飾語句を使って文がひきしまった例として出ていたものですね。「大きな噴水のある公園」というところがミソでした。しかし、フランス語は口語だろうと文章語だろうと、どう転んでも修飾表現は名詞の後ろに置かれるので、それほどダイナミックに両者の差がでてきません。それでも、まずはなるべくぶつ切りにした口語的なほうから。

D'abord, vous allez tout droit dans cette rue. Vous marchez jusqu'au parc. Il y a là une grande fontaine.

「通り」は単にrue「通り」にしました。「まっすぐ」はtout droit でしたね。「〜まで」はjusqu'àを用います。同じ意味の表現で、Vous continuez cette rue ... というのもあります。「噴水」はune fontaineです。これをひきしめるために全体をひとつの文にしてみましょう。

D'abord, vous allez tout droit dans cette rue jusqu'au parc où il y a une grande fontaine.

最初のふたつの文を動詞allerでひとまとめにしました。そしてparcを先行詞にして「場所」を示す関係詞oùでつないだだけです。つなぐために副詞のlà「そこには」がとれた、というだけです。

いろいろな意味をもつ「て」

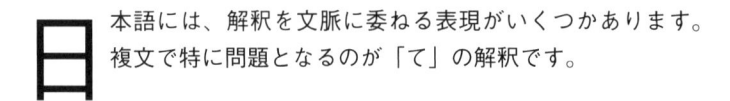

日本語には、解釈を文脈に委ねる表現がいくつかあります。複文で特に問題となるのが「て」の解釈です。

(1) マンガの本を買ってき<u>て</u>家で読んだ。
(2) 風邪を引い<u>て</u>学校を休んだ。
(3) 赤い服を着<u>て</u>写真を撮ってもらった。
(4) この庭は、春は桜が咲い<u>て</u>、秋は紅葉が美しい。

(1)の「て」は、続けて起きることを表します。「本を買ってきた。それから家で読んだ。」という意味ですね。

(2)の「て」は、「風邪を引いたから学校を休んだ。」と言うこともできます。「て」は理由を表しています。

(3)は「着たままで」という意味で、(4)は春のできごとと秋のできごとを「て」を使って並べて示しています。

このように、日本語の「て」は、いろいろな意味をもっていて、便利な反面、ちょっと解釈に困るところもあります。フランス語には、日本語の「て」のように、いくつかの意味をもつ表現はありますか。

フランス語のジェロンディフ（en＋現在分詞）をここであらためて説明すべきだと思います。とくにこの便利さを覚えてしまうと、作文でやたらに用いたくなるのがジェロンディフです。が、日本語の「て」と同じようにさまざまな意味に受け取られる可能性があるだけに、厳密なロジックを要求される論文のようなタイプの文章では、使うべきではないともされています。基本をおさえてきちんと使いたいものです。

ジェロンディフの基本は「同時」です。

Il marche dans la rue en mangeant.
彼は食べながら道を歩いている。

これが中心的な用法だと思っていてください。そのほか「時」「条件」「手段」「原因」「譲歩」といったヴァリエーションで用いられますが、文脈によっては意味が定まらないこともあります。

En entrant dans un café, je l'ai salué.
カフェに入ると私は彼にあいさつした。（時）

En lisant ce livre, tu peux comprendre la philosophie.
この本を読めば哲学が分かるかもよ。（条件）

J'ai écrit mon blog, en utilisant ce portable.
この携帯を使って私はブログを書いたんだ。（手段）

En buvant du vin, il est joyeux.　ワインを飲んで彼は陽気だ。（原因）

Tout en vivant en Angleterre, il ne parle pas du tout l'anglais.
イギリスで暮らしていながら彼は全然英語が話せない。（譲歩）

など、それぞれ文脈や時制で意味が限定されるように工夫して用いてください。

§21 「先生がいらっしゃるので、玄関までお出迎えした。」
"敬語と待遇表現"

　日本語の最大の特徴のひとつと言われるのが敬語です。敬語には、次のような種類があります。

(1)　**先生が<u>いらっしゃった</u>。**
(2)　**玄関まで先生を<u>お出迎えした</u>。**
(3)　**はい、山田<u>です</u>。**

　(1)の「いらっしゃる」は尊敬語です。「お入りになる」のように、一般的に「お〜になる」という形で表され動作をする人を高めます。(2)の「お出迎えする」は謙譲語です。動作の相手を高める敬語です。(3)の「です」は丁寧語です。「動詞＋ます」と同じく、話し相手や場に対し丁寧に述べる敬語です。このほかにも、「お茶碗」の「お」のような美化語と、「山田と申します」や「さあ参りましょう」というときの「申します」や「参ります」のような丁重語があります。日本語は、複雑な敬語システムをもった言語なのです。
　しかし、敬語を使うことだけが、聞き手に対して丁寧に述べる方法ではありません。

(4)　**<u>すみませんが</u>、ちょっと手伝っていただけますか。**
(5)　**「よくがんばったね。」と言っ<u>てくれ</u>たね。あのことばは嬉しかったよ。**

　(4)のように、前置き表現を使うこともひとつの方法です。「おそれいりますが」「すみませんが」のような配慮は、依頼表現をより丁寧にします。また、依頼表現についても、「〜てください」よりも「〜てくださいますか」、さらに「〜てくださいませんか」とすると、より丁寧に聞こえます。(5)のように、恩恵を表す「〜てくれ

る」を使うことも、丁寧に表現するための方法のひとつです。

　ほかに、自動詞を使って「お茶がはいりましたよ。」と言ったり、自分が決めた場合にも「今度、結婚することになりました。」と言ったりするのも、動作をした人をことさらに言い立てない、日本語の配慮の表れです。

　一方で、敬語は、相手との距離を広げる表現にもなります。深夜帰宅した夫に対し、ふだんは敬語を使わない妻が次のように言ったらどうでしょうか。

(6)　ずいぶん遅くお帰りになりましたね。

　急によそよそしくなったときは、怒っているときです。
　日本語の敬語でもうひとつ覚えておきたいのは、話す相手によっては、自分より目上の人でも低めて言わなければならないことがあることです。(7)は他者からかかってきた電話での会話です。

(7)　「はい、山田です。父ですか。父は、今、出かけております。」

　「出かけております」と丁重語を使うことで、外からかかってきた電話の主に対し、謙遜を表します。また、外の人に対して、自分の父を「お父さんは」と言うと子どもっぽく聞こえます。
　ときには野卑な表現も必要かもしれません。

(8)　何言ってやがるんだ。

　日本語には、「やがる」のような動作主を低める表現も存在します。
　日本語では、自分が相手からどう見られたいかを考えて、さまざまな表現を選んで使っています。

Q 作文してみよう

① 先生がいらっしゃるので、玄関までお出迎えした。
② すみませんが、ちょっと手伝っていただけますか。
③ 父は、今、出かけております。
④ 何言ってやがるんだ。

A 日本語では敬語表現がとても発達していますが、フランス語には昔の宮廷で用いられていたという、特殊なレトリックを駆使したしゃべりかたを別にすれば、それほど敬語が発達しているわけではありません。私が食事を「いただく」ときでも、相手が「めしあがる」ときでも、この動詞なら敬意がこもっています、というような特別な動詞はありません。

それでも敬語的な要素が皆無だというわけではないのです。いちばん分かりやすいのは相手をtuとするかvousとするかという問題です。人間関係にすれば、日本語で「です」「ます」を使って話す関係がvousのモードに相当すると考えられます。初対面とか、目上の人とか、社会的にオフィシャルな空間で用いられるからです。

条件法を用いると「もしよければ」というような留保があるために、語気が柔らかくなり、丁寧な言い方になることがあります。その代表的な例はvouloirの条件法je voudrais...やpouvoirの条件法je pourrais...です。しかし、これも日本語に照らせば「丁寧語」の範囲を超えたものではありません。ですから日本語の敬語をフランス語に訳すのはほとんど無理と言っていいでしょう。

参考までに「お勘定をお願いします」という文を、ふつうの言い方からだんだん丁寧な言い方へと並べていきます。

L'addition, s'il vous plaît.
Je veux avoir l'addition ?
Je voudrais avoir l'addition.
Je peux avoir l'addition, s'il vous plaît ?
Je pourrais avoir l'addition, s'il vous plaît ?

複雑な構文になるほど丁寧になっていきます。

① 先生がいらっしゃるので、玄関までお出迎えした。
「いらっしゃる」という尊敬語はフランス語では表現できません。「お出迎えする」というところも、ごくふつうに表現するしかありません。そもそも「先生」という敬称があまり使われないのです。

場合によってはMonsieur le professeurという言い方もしますが、

あまり日常的ではありません。そういうわけですから、Monsieurに実際の固有名詞を添えるほうが自然ですし、Monsieurと付けているのがそもそも敬意のこもった言い方なので、それでいいでしょう。今は実際の名前が分からないケースなので「私の先生」mon professeurとしておきます。

Mon professeur est arrivé. Je l'ai donc reçu à l'entrée.
私の先生が来たので、私は玄関で出迎えた。

結局「いらっしゃる」をarriverで処理し、「お出迎え」もrecevoirにしました。ここはaccueillirという動詞でもいいでしょう。「わざわざ〜まで」というニュアンスを強調するためにàに代えてjusqu'àを用いてもかまいません。

Mon professeur est arrivé. Je l'ai donc accueilli jusqu'à l'entrée.

もう少し「迎えに行く」という動作にこだわった言い方をさがせばこうなります。直訳すれば「出会いに行く」という表現です。

Mon professeur est arrivé, je suis allé à sa rencontre à l'entrée.

② すみませんが、ちょっと手伝っていただけますか。

残念ながらフランス語の敬語は豊かではありません。けれども何かを頼む時などに用いる、相手へのちょっとした気遣いのことばならフランス語にはたくさんあります。Excusez-moiやPardonは、見知らぬ人に話しかけるときによく使われます。s'il vous plaîtも、直訳すれば「あなたがお望みでしたら」という意味ですからこの仲間です。

さて、「すみませんが」はExcusez-moi. と呼びかけの一文にするのがいいでしょう。

Excusez-moi. Voulez-vous me donner un coup de main, s'il vous plaît ?
あなたの邪魔をしてすみませんが、私に手を貸してください、お願いします。

「手伝う」は動詞aiderでもいいのですが、「ちょっと」というニュアンスを出すために、あえてdonner un coup de main「手を貸す」という熟語を用いました。s'il vous plaîtはなくてもいいのですが、丁寧さを強調するために、これもあえて追加しました。

では、今度は謙譲表現に移りましょう。

③ 父は、今、出かけております。

身内の人間を低めることで、外の人間への敬意を表すというスタイルが、この「父は」という敬語です。こういうメカニズムはフランス語には存在しません。「お父さん」と呼ぼうが「父」と呼ぼうがmon pèreです。「父親」に対する呼称にはこのほか、papaがありますが、子どもがよく用いる表現です。

Maintenant, mon père est sorti.
Maintenant, mon père est absent.

というシンプルなフランス語になります。もっとも、これが電話での会話だとmon pèreとは言わずにilで受けて、Désolé, il n'est pas là maintenent.「申し訳ないですが、父は今、不在です」と言うのが決まり文句になっています。

ある映画に、弁護士事務所の秘書が顧客に問い合わせの電話をかける場面がありました。そのとき秘書は自分の身内のはずの弁護士のことを、Maître...「〜先生」と呼んでいました。日本語ならば敬称はつけないところです。やはり身内に謙譲語を用いる習慣はないのだなと分かりました。

では、最後は敬語の逆というか、野卑なほうの表現を紹介しましょう。

④ 何言ってやがるんだ。

フランス語の敬語が発達していないとすれば、それはきちんと標準的なフランス語を使っていればじゅうぶんに相手を尊重しているからなのです。で、その代わり発達（？）しているのが俗語の類です。「何言ってやがるんだ。」はraconter「語る」という動詞を用いて日

本語を直訳したような表現でいいでしょう。

　Qu'est-ce que tu racontes !

ほかにもたくさんの言い方があります。まずは、dire「言う」を用いた言い回しから紹介しましょう。

Ne dis pas de bêtises !	馬鹿なことを言うな。
A qui le dis-tu !	誰に向かって言ってんだ（＝分かってるよ）！
C'est toi qui le dis.	そう言うけどね（私はそうは思わないね）。
Que tu dis !	ホントかね！

dire 以外の動詞を用いるものもあります。gueule は「口」の俗語です。

Pensez-vous ! (Penses-tu !)	とんでもない！
Ferme ta gueule !	黙れ！
Ferme-la !	黙れ！
Qu'est-ce qu'il ne faut pas entendre !	なんてこと言うんだ！
Ne m'en parle pas !	やめてくれよ！
Tu parles !	よく言うよ。

といった表現があります。Ferme-la ! の la は la bouche「口」の意味で、「口を閉じろ」という意味になります。

さらには俗語でしか用いられない動詞があります。代表的なのは foutre で、faire の俗語形です。

Qu'est-ce que ça te fout ?	それがどうしたっていうんだ？
Je m'en fous !	とんでもない、まさか。

さらにくだけた fiche という動詞もあります。

Je m'en fiche !	とんでもない！
Fiche-moi la paix !	うるさい！

豊富にあることを紹介しただけなので、日常的に使うことはお薦めしません。

§22 「どちらへお出かけですか。」「ちょっとそこまで。」

"応答表現"

外国人の日本語学習者が聞いて変に感じるやりとりに、次のようなものがあります。

(1) A「あら、どちらへお出かけですか。」
　　B「ちょっとそこまで。」
　　A「そうですか。いってらっしゃい。」

「行き先を知りたがるなんて、Aさんは失礼な人だ。」「『ちょっとそこまで。』では答えていないじゃないか。」など、よく質問や文句がでます。都会ではあまりこのようなやりとりは聞かれなくなりましたが、このような会話は、日本語の典型的なやりとりとして小説やマンガなどでも使われています。

実は、(1)では、どこへ行くかとまともに質問などしていません。むしろ、「こんにちは、いいお天気ですね。」「そうですね。」というような会話に近いのです。知っている人の顔を見たらあいさつをする。その変形と考えればよいのです。

「けっこうです。」や「いいです。」という答え方も、日本語学習者を悩ませます。断るときにも受け入れるときにも「けっこうです。」や「いいです。」と言うのではわからないと言うのです。しかし、この意味を取り違える日本語の母語話者はいませんね。

(2) 「コーヒーいかがですか。」
　　「ありがとう。でも、けっこうです。」
(3) 「先生、こんな書き方でいいでしょうか。」
　　「けっこうです。」

(2)のように、何かを勧められたときの答えである「けっこうです。」

は「いりません。」と断っていますし、(3)のように、評価を求められたときの「けっこうです。」は、OKの意味なのです。これは、「いいです。」でも同じです。特に、(3)のような場合、「ね」を付けて、「けっこうですね。」や「いいですね。」と言うこともありますが、(2)の場合に「ね」は付けません。

最後まではっきり言わずに答えることも少なくありません。

(4) 「今晩、いっぱい飲みませんか。」
「今晩はちょっと…」

最近は少し変わってきましたが、はっきり断らないことが相手を傷つけないことでもあるのです。(4)のような誘いに対して「いいえ、飲みません。」と断るのは、日本語では伝統的に野暮だとされてきました。

会話が上手な人は、聞くための短いことばをたくさん用意しています。「なるほど。」「そうですか。」と納得してみせたり、「へえ」と感心してみせたり、はたまた、「それで？」「というと？」と話を続けさせたりするのです。応答表現はコミュニケーションの重要な部品なのです。

Q 作文してみよう

① 「あら、どちらへお出かけですか。」「ちょっとそこまで。」
② 「コーヒーいかがですか。」「ありがとう。でも、けっこうです。」
③ 「先生、こんな書き方でいいでしょうか。」「けっこうです。」
④ 「今晩、いっぱい飲みませんか。」「今晩はちょっと…」

A 応答表現についてはいくつかのエピソードを紹介して、フランス語にも似たようなことがあるなと感じていただければと思います。

カフェで注文をすると、ギャルソンがTrès bien, monsieur.と言うのです。みなさんが、もしそう言われても、フランス語をほめられたと思ってはいけません。このTrès bien.は「かしこまりました」という意味なのです。

Merciも「ありがとう」の意味になるときと、「もうけっこう！」（断り）の意味になるときとありますから注意が必要です。ワイングラスが空になっているので、Voulez-vous encore du vin ?「もっとワインいかがです？」と言いながら注いであげようとすると、相手からMerci !と言われました。こういうときは、ほぼ「断り」の意味で使われていると考えたほうがいいようです。注いでほしいときは、C'est gentil.とかAvec plaisir.という応答になることが多いようです。はっきりNon merci !と言ってくれれば誤解しないのですが。

設問を考えながら、また寄り道しましょう。

①「あら、どちらへお出かけですか。」「ちょっとそこまで。」

知り合いが道でばったり会うわけですね。「あら、どちらへ〜？」という質問はフランス語的コミュニケーションでもあり得るでしょう。しかし、問題は応答ですね。「ちょっとそこまで」という返事はあり得ないでしょう。

　Vous allez quelque part ?
　— Oui, juste un petit tour.

などと実際には言わないのでしょうが、あえてそれらしい返事を考えるとすれば、こうなるでしょう。justeは「ほんの〜だけ」というニュアンスを出すのに便利ですし、un petit..., une petite...、という言い回しも比較的ありますから「少しばかりのお出かけ」という感じにしてみました。

では、こういう場合のフランス語的コミュニケーションは本当はどうなるでしょう。

たとえば、ですが...。

A　Tiens, ça va ?　元気ですか？
B　Oui, ça va, et vous ?　ええ、元気です。あなたは？
A　Bien. Merci. Vous allez où alors ?
　　元気です、ありがとう。で、どちらまで？
B　Au supermarché.　スーパーマーケットまで。
A　C'est bien. Au revoir bonne journée ?
　　そりゃいい。では、いい午後を。
B　A vous aussi.　あなたも。

　儀礼的なコミュニケーションを受け持っているのはÇa va. やBonne journée. のほうでしょう。
　次は「けっこうです」の例です。

②「コーヒーいかがですか。」「ありがとう。でも、けっこうです。」

Voulez-vous du café ?
— Non merci.

　最初の文はこういう表現で決まりだと思いますが、何かを勧められて断るときの言い方には、ほかにもいろいろなものがあります。

　　Désolé, je n'aime pas le café.　ごめんなさい、コーヒーは嫌いです。

　あるいは、J'aime bien, mais...に続けて理由を言うのもいいでしょう。そもそもJ'aime bien...という表現は「好きだけれども...」とmais以下の逆接につながる傾向があるようです。

　　J'aime bien ça, mais j'ai déjà bien mangé.
　　好きなんですが、もうたっぷりいただきました。

　このふたつのbienには明らかにニュアンスに差があります。
　また、Ce n'est pas la peine.という表現も用いられます。「その必要はない」という意味です。
　次は、同じ「けっこうです」が別の意味に用いられる場合です。

③「先生、こんな書き方でいいでしょうか。」「けっこうです。」
　「書き方」という名詞表現にこだわらず、「こう書きました。これでいいですか」と分けて考えたほうが自然なフランス語になります。

　Monsieur, j'ai écrit comme ça, c'est bien ?
　先生、こういうふうに書きました、これでいいですか？

　そして、ここでのテーマである「けっこうです」は、

　C'est bien.

でいいでしょう。同じ意味の表現は発想を変えればいくらでもできます。たとえば、Pas de problème.「問題なし」というふうに考えてもいいでしょう。あるいはこういうとき、Parfait.「パーフェクト」という応答をする人も多いです。少しニュアンスはズレますが、Pourquoi pas.「どうしていけないんだ」という表現も用いられます。これは反語的な言い回しで「いいじゃないか」という意味になります。さらにはÇa va.「いいです」も用いられます。
　「けっこう」はほかにも、たとえばワインを勧められて「それはけっこう（＝いただきます）」という返事をするなら、Oui, je veux bien.というフランス語にもなりますし、「それはけっこう（＝うまくいった）」という意味ならば、Tant mieux !という表現がぴったりしています。また、「けっこうなお味ですね」などのような強いほめことばとして使われるときは、さまざまな強い意味の形容詞をあてることになります。「けっこうなお味ですね」C'est excellent ! などです。
　さて、日本語独特のあいまいな言い方の代表は「ちょっと」でしょうか。

④「今晩、いっぱい飲みませんか。」「今晩はちょっと…」
　まずは、相手を誘う前半の文です。

　Vous voulez prendre un verre ce soir ?

　フランス語でもまさに「一杯飲む」。un verre「グラス一杯」を

目的語にしてprendreやboire「飲む」を動詞に用います。たいていこの表現は相手を、夕食の前の「食前酒」に誘うシチュエーションです。ですからVous voulez prendre un apéritif ?「食前酒をいかがです？」という誘い方もよくされています。

さて、テーマの「ちょっと」に入りましょう。このままun peuなどとしても全然、意味が伝わりません。要するに断っている、しかも丁重なニュアンスをこめて断っているのだと考えれば、

Désolé, ce soir, ce n'est pas possible.
すみませんが、今晩はダメです。

でもいいでしょう。もっと「ちょっと」に重点をかければ、

Ce soir, c'est un peu délicat.　今晩はちょっと難しい。

という言い方もできます。「難しい」をdifficileでなくdélicatにしたことで、さらに「微妙」な感じがでてきます。

「ちょっと」以下に省略されている内容をどのように考えるかによっても、さまざまな表現が可能になります。Ce soir, j'ai une autre chose à faire.「今晩はほかにすることがあります」も、日本語としては「ちょっと」と入れたくなるところでしょう。

日本語の「ちょっと」はいくつもの用法を持っています。

「ちょっと待ってください」は、Un moment, s'il vous plaît.やUn instant, s'il vous plaît.というフランス語になるでしょう。「駅まで歩いて10分ちょっとかかります」は、Il faut un peu plus de 10 minutes à pied pour aller à la gare. と表します。

本来の「少し」の意味でもさまざまなヴァリエーションで表現できます。「コーヒーをちょっとください」Un peu de café, s'il vous plaît.は簡単ですが、「ちょっと話があるんだ」は、J'ai un mot à te dire. あるいは、J'ai quelque chose à te dire.となるところです。

程度を強める「ちょっと」もあります。「ちょっとびっくりしたよ」なら、J'ai été assez étonné.でしょう。

呼びかけに用いる「ちょっと！」もありますね。Pardon ! など呼びかけに相当するフランス語がこれにあてはまります。

§23 「おれは、行くぜ。」
"終助詞"

　日本語の文の最後に付く、終助詞の「よ」「ぜ」「わ」「ね」「よね」「か」などは、小さいですが、文全体の発話意図を決める大事な表現です。

(1)　きみは、この大学の学生です<u>か</u>。
(2)　これ、林さんの財布だ<u>ね</u>？
(3)　おれは、行く<u>ぜ</u>。

(1)のように、「か」で終わる場合、上昇イントネーションを伴えば疑問です。「学生？」と、名詞自体の最後を上げることで疑問を表すこともあります。最近では、「学生です？」と言うことも多くなりました。「か」が下降イントネーションを伴う場合には、自問や納得を表します。(2)の「ね」は、聞き手にほんとうにそうであるかを確認する場合に使われます。もう少し確信が強ければ、「林さんの財布だよね？」と「よね」を用いて確認することもあります。

　(3)の「ぜ」は、聞き手に伝達しようという意図を表します。同じ働きをする「よ」は、「ぼくは行くよ。」のように、話し手の性格が少し違って感じられます。女性が「わ」を使うということは、実際には少なくなったかもしれませんが、この「わ」も働きは同じです。

　終助詞は、小説の中などで、話し手が誰かをわからせるために使われることがあります。

(4)　外は、雪が降り続いている。
　　「寒いわ。」
　　「寒いね。」
　　二人は、そっと寄り添った。

先に「寒い」と言った人が男か女か、これだけでわかりますね。

終助詞に似た「んだ」「んです」も、よく使われます。

(5) どうして来なかった<u>んです</u>か。
(6) 小包が届いてる。うちのだんな、また本を買った<u>んだ</u>。
(7) 彼女のスープは、なんておいしい<u>んだ</u>。

(5)のように、疑問文で「んですか」が使われるときは、説明を求めるという態度を強く表します。特に「どうして」や「どのように」のような疑問詞があれば、だいたい最後は「んですか」で終わります。この「ん」は「の」が変形したもので、単独で疑問を表す場合に、「きみたち、どこから来たの？」や「きみ、学生なの？」と上昇イントネーションを伴った「の？」も、同じように使われることがあります。「頭が痛かったんです。」のように答える場合の「んだ」「んです」は、説明して返すという態度を表します。

(6)のような独り言の「んだ」は、「小包が届いたことから解釈すると、それは即ち『本を買った』ということになる」という結びつきを表しています。「んだ」には、(7)のように感嘆を表す用法もあります。

文の最後に置かれる終助詞や「のだ（んだ）」は、文全体の機能と印象を決めることばなのです。

Q 作文してみよう

① これ、林さんの財布だね？
② 「寒いわ。」「寒いね。」
③ 小包が届いてる。うちのだんな、また本を買ったんだ。
④ 彼女のスープは、なんておいしいんだ。

A 会話では日本語の終助詞は、話し手と聞き手との人間関係を表したり、話し手が発話内容にどういう態度をとっているかを表す要素です。こういう要素に相当するものを、フランス語は持っていませんから、終助詞の問題は日本語からフランス語を作るときよりも、その逆にフランス語を日本語に訳すときにたいへん大きな問題を提起します。

たとえばJe suis fatigué.を「私は疲れている」と訳すのは全く間違いではありません。けれども私たちは日本語の会話のなかでは、あまりそういうふうには言いません。「疲れた」と言うかもしれませんし、「疲れました」と言うかもしれません。さらには「疲れたよ」「疲れたぜ」「疲れたわ」「疲れたね」などなどと何らかのニュアンスをつけて喋るのです。ですから、そう訳すほうが自然でしょう。そこに主語を「私は」と訳すか「ぼくは」と訳すか、また「俺は」と訳すか、という問題まで含めると、Je suis fatigué.という単純な文ひとつ考えても、訳し方にはものすごい数のヴァリエーションがあると言えましょう。

その逆に、日本語からフランス語を作るときには、日本語の終助詞が表すさまざまなニュアンスは翻訳不可能なものとして、フランス語にはなかなか反映されません。

では、日本語の終助詞によって表されるニュアンスがフランス語では全く表現できないのかと言うと、必ずしもそうとは言いきれません。具体的に考えてみましょう。

① これ、林さんの財布だね？
「これは林さんの財布だ」という基本のロジックを表すフランス語をまず作りましょう。

C'est le portefeuille de Monsieur Hayashi.

ここに日本語に示されている付加的な要素を加えていきましょう。
まず、「これは〜」ではなく、「これ、」と一度、聞き手の注意をひいている点を考えてみます。これはÇa,...と冒頭に代名詞をおくことで、ほぼ日本語のニュアンスを正確に反映することができます。

Ça, c'est...という表現はフランス語でもかなり頻繁に用いられます。

そして文末の終助詞「〜ね」について考えましょう。いちばん使いやすいのは「〜ではないですか？」というニュアンスを加えるための表現、n'est-ce pas ? です。一般に付加疑問文とも呼ばれますが、英語のように主文の主語や動詞によって形が変わるわけではありません。どんな文につくときでも形はひとつです。

Ça, c'est le portefeuille de Monsieur Hayashi, n'est-ce pas ?

しかしながら終助詞の「ね」に比べてn'est-ce pasという付加疑問は相当に強いニュアンスがあることは忘れないでください。ときどき日本語の「ね」のつもりで、フランス語でn'est-ce pasを連発する人がいるのですが、あまり褒められたものではありません。付加疑問はあくまでも「そうじゃないですか？」という、ちょっとくどい日本語に近い要素だと思ってください。

むしろ、この付加疑問に否定の要素が入っていることからもうかがえるように、フランス語の本文そのものを否定文にしてしまうのも一案です。

Ce n'est pas le portefeuille de Monsieur Hayashi ?

「林さんの財布じゃありませんよね」という意味になりますが、言わんとすることは設問と同じになります。
では今度はまた別の終助詞について考えましょう。

②「寒いわ。」「寒いね。」
「寒いわ」と言っているのが女性、「寒いね」と答えているのが男性、と日本語では終助詞で分からせてしまいます。日本語の終助詞の面白さは、これを「寒いぞ。」「寒いな。」というふうに変化させただけで、言葉から伝わる情景が一挙に変化してしまうことです。こういう微妙なニュアンスはなかなかフランス語では出せないのです。男性が話そうと、女性が話そうと、フランス語では「寒い」は、Il fait froid.以外の表現ではあり得ないのです。

しかし、少しだけ工夫をします。はじめの文に感嘆のニュアンスがあるとします。応答の「寒いね」のほうに、相手の発言を受けているニュアンスがあることに注目します。

　Ah, il fait froid.　— Oui, il fait froid.

　こういう考え方もできます。この「寒い」というのは天候のことを言っているのでしょうか。それとも体感のことを言っているのでしょうか。体感だとすればavoir froidを用いることになり、いくらかニュアンスに広がりが出てきます。

　Ah, j'ai froid.　— Oui, moi aussi, j'ai froid.

　つまり、応答の「ね」に同意のニュアンスを汲み取ってmoi aussi「ぼくも」というニュアンスを入れてみたのです。

③ 小包が届いてる。うちのだんな、また本を買ったんだ。
　「小包が届く」はle colis est arrivé という表現でいいでしょう。日本語は現在形のような「ている」ですが、フランス語としては完了のニュアンスが出る複合過去を用います。「うちのだんな」が難しいところですが、今は素直にmon mariにしておきましょう。フランス的発想ならPierreのようなファーストネームで言うべきところです。「また」はencoreを用いて、「本を買う」を複合過去にしましょう。

　Un colis est arrivé.　Mon mari a encore acheté des livres.
　Un colis est arrivé.　Pierre a encore acheté des livres.

　「本」は単数形un livreにしてもかまいません。ところで、もうちょっと「買ったんだ」という部分にこめられている話者の心的態度を表現できないでしょうか。
　「また買ったんだ！」とあきれている感じを出すならばencoreを強調的に用います。

　Un colis est arrivé.　Encore, mon mari a acheté des livres！

④ 彼女のスープは、なんておいしいんだ。

「〜んだ」は感嘆を表すのにも用いられます。

「彼女のスープ」はsa soupeです。「おいしい」は通常bonを用いればいいのですが、ここではもう少し最上級に近いニュアンスを持つdélicieuxを用いましょう。あとはフランス語の感嘆文の形にあてはめるだけです。

Comme sa soupe est délicieuse !
Que sa soupe est bonne !

もっと簡単に考えてc'est＋形容詞を使ってもいいでしょう。

Sa soupe, c'est délicieux !
Sa soupe, c'est excellent !

excellentを使うと「おいしい」というよりは「すばらしい」という意味になります。

また、感嘆文には上に挙げたように、文全体に対して感嘆のモードをつけ加えるもののほかに、名詞に対してquelを用いるものがあります。

Quelle bonne soupe elle fait toujours !
なんておいしいスープを彼女はいつも作るんだろう！

あるいは「すばらしいもの」という意味の名詞であるmerveilleを用いて、

Sa soupe, c'est vraiment une merveille !
彼女のスープは、本当に素晴らしい！

という表現も可能です。

§24 「彼女は、小鳥のように高い声をしている。」
"ことばの技法"

　日本語は、語順が比較的自由な言語です。「田中くんが林さんに話しかけた。」と言っても、「林さんに田中くんが話しかけた。」と言っても、ニュアンスは変わりますが、基本的な意味は変わりません。文の最後に動詞などの述部が置かれていれば、基本的に文法的に正しい文と言えます。

　あえて、動詞などの後に主語や目的語、または副詞を置くと、ちょっとした表現効果が生じます。

(1)　林さんに話しかけたんだって、田中くんが。
(2)　ぼくらは、長い航海の末、ついに見つけたんだ。宝の島を。
(3)　ぼくは、彼を許さないよ。絶対に。

　(1)は、「あの（小心者の）田中くんが」などのニュアンスを感じさせますし、(2)では、「何を見つけたんだろう」という期待感をもたせて、後の「宝の島を」をより効果的に伝えています。(3)では、副詞を後から付け加えることで、強調の意味をより強く表現しています。

　このように、動詞などの後に、その動詞にかかっていく主語や目的語、副詞などを続ける方法を倒置法といいます。

　繰り返すことで、効果的に伝えることばの技法もあります。

(4)　これですよ、これ。私が探していた物は。
(5)　あいつだけは、絶対に許せない。あいつだけは...

　(4)は、「これ」を繰り返すことで「他でもないこれだ」と限定していますし、(5)のように、つぶやくように2度目の「あいつだけは」と言えば、強く誓う様を表します。日本語では、「はいはい」や「い

やいや」など、応答のことばもよく繰り返されます（ただし、「はいはい」は、「わかってますよ」という感じがして、失礼に聞こえるときがあります）。

　何かにたとえる比喩という方法も、重要なことばの技法のひとつです。

　(6)　**彼女は、小鳥のように高い声をしている。**
　(7)　**きみはぼくの太陽だ。**

特に、人以外の物を人のように表現する方法が使われることもあります。

　(8)　**（新一年生を指して）大きなかばんが歩いてる。**
　(9)　**人間によって痛めつけられた地球が、痛いとうめいている。**

(9)のような用法を擬人法といいます。
さまざまな技法を使って、文章を豊かに表現しています。

Q 作文してみよう

① ぼくらは、長い航海の末、ついに見つけたんだ。宝の島を。
② これですよ、これ。私が探していた物は。
③ 彼女は、小鳥のように高い声をしている。
④ 人間によって痛めつけられた地球が、痛いとうめいている。

A フランス語はラテン語を祖先に持っています。そしてラテン語には名詞に格変化がありました。つまり、ある名詞が主語になるときの形、目的語になるときの形というふうにそれぞれ定まっていたのです。ですからちょうど助詞のはたらきによって日本語の語順が自由であるように、ラテン語も語順が比較的自由でした。

しかし、フランス語には格変化がありません。Les chats mangent les souris.「ネコはネズミを食べる」の主語と目的語は、ただひたすら語順によって定められるのであって、このふたつの要素をLes souris mangent les chats. と入れ替えたら「ネズミはネコを食べる」と、逆になってしまいます。

こういうことからフランス語はかなり厳密に語順が守られることばだと言えます。が、そういう規則を守りつつも、文体的な効果から倒置がおこなわれることがあります。一種の「強調」のようなはたらきになるでしょうか。

たとえば、Moi, je prends du thé.「私、私はお茶を飲む」のように強勢形の代名詞を使うことで、強調の効果がでることを応用して、Je prends du thé, moi. というふうに強勢形の代名詞を後ろへもってくれば、一種の倒置と同じ形を作れます。これは目的語の強調にも使えます。Je téléphone à Marie, à elle.「私はマリに電話する、彼女にだよ」。また、J'aime Paul, lui.「私はポールを愛しています、彼なんです」というふうになります。

あるいはC'est moi qui prends du thé.「ぼくがお茶を飲むんです」のように強調構文を使うことでその効果が出ます。この例は主語を強調する例でしたから語順にあまり影響がでませんが、C'est ce livre que je cherche.「私が探しているのはこの本です」というように目的語などの要素を強調する場合には、通常の語順とはちがう文ができあがります。

そこで実際の例を考えましょう。まずは倒置の問題です。

① ぼくらは、長い航海の末、ついに見つけたんだ。宝の島を。

倒置の問題に入る前に、いくつかの表現を固めてしまいましょう。「長い航海の末」は、ここではaprès un long voyage sur mer とい

う表現にしてしまいます。「宝の島」はune île au trésorという決まった表現がありますので、それを使います。まず標準的な表現ではロジックを確認しましょう。

Nous avons enfin trouvé une île au trésor après un long voyage sur mer.

このune île au trésorをどうやって強調するかですね。強調構文を使う方法もありますが、どうしてもそれが前へ出てきてしまうので、「見つけたんだ」→「宝の島を」という文体的な効果がなくなってしまいます。そこで、意図的に代名詞を先に出して、その内容を後から出すという遊離構文を用いることで、その効果を狙ってみましょう。

Après un long voyage sur mer, nous l'avons enfin trouvée, une île au trésor.

これなど、とても日本語の持つニュアンスに近い文体になっていると思います。もうひとつ倒置を使った例をみましょう。

② これですよ、これ。私が探していた物は。

「私が探していたもの」は時制を半過去にしてみましょう。関係代名詞ce queを用いてce que je cherchaisでいいでしょう。「これですよ、これ」という日本語が問題ですが、フランス語にはこれとかなり近い表現がありますね。c'est çaという言い回しです。

C'est ça, ce que je cherchais.

とすれば一応は完成です。語順的にも日本語と同じ並びになります。が、もうひとつ弱い感じがしますから、それを副詞を用いて補強しましょう。

C'est justement ça, ce que je cherchais.

justement「ちょうど」以外にも、たとえばexactement「正確に」、vraiment「本当に」などを使うことができるでしょう。

さて、今度は倒置と並ぶ大事な表現効果、比喩についてです。

③ 彼女は、小鳥のように高い声をしている。

　比喩について興味深いのは、ある言語で一般的に成立している言い回しのなかにすでに取りこまれている比喩があり、そしてそれとは別に話し手や書き手が個人的な表現として用いる比喩があるということです。

　一例としてle bras「腕」という語を見てみましょう。人間の体の一部を表す本来の意味からさまざまな比喩が発生しています。具体的なフランス語は辞書を参照してください。たとえば「この工場には腕がたりない」(＝労働者がいない) とフランス語では言うのです。日本語では「手が足りない」と言うところです。逆に日本語で「彼は腕が良い料理人だ」などと言いますが、フランス語のbrasにはそういう意味はありません。川の「支流」を「腕」と言ったりすることは、なるほどと理解できても日本語としては成立しません。というように、表現のなかには、そもそも比喩にたよってできあがっているものが多く、その実際の例はそれぞれの言語によって異なっているのです。

　こんな話から始めたのは「鳥の鳴き声」をフランス語ではchant des oiseaux「鳥の歌」というふうに、そもそも比喩的に言うからです。この設問はじつは、

　Sa voix est comme un chant des oiseaux.　彼女の声は鳥の歌だ。

としてしまうのがいちばんすっきりしています。あるいはちょっとくどく、

　Elle a une voix de l'oiseaux.

でしょうか。comme「～のように」は比喩表現には欠かせない語です。

　「高い」という形容詞はフランス語としては微妙なので、表に出さないほうがいい特殊なケースです。というのはフランス語の文字通りhaute voix（高い声）という表現の意味は「大きな声」だからです。voix aiguë（甲高い声）は、むしろ悲鳴のような声のことです。

　最後に、この比喩のいちばんダイナミックな形態が擬人法という

ことになるでしょうか。

④ 人間によって痛めつけられた地球が、痛いとうめいている。

　まず、こういう擬人法はそのままフランス語に直訳しても大丈夫です。ただし、それがすでに別に成立している表現と同じでさえなければ、という条件はつきますが。基本構造は「地球がうめいている」わけですね。La Terre gémit. でしょう。terre は「地球」の意味では大文字書きだしです。「痛いと」というニュアンスはすでに gémir が持っていますからそこに吸収させます。「痛めつけられた」は「傷つけられた」と解したほうが自然なフランス語になります。bléssé でいいでしょう。

La Terre blessée par les hommes gémit.

　主語部分が長いのでバランスが悪いですね。bléssée 以下を切り離して分詞構文を作るのもいいでしょう。

La Terre gémit, blessée par les hommes.

　フランス語でも多くの動詞が擬人法的に用いられるので、面白いものをいくつか紹介しましょう。Cet argent dort dans la banque.「そのお金は銀行で眠っている」などというように、日本語にもフランス語にも共通した発想は少なくありません。

　擬人法の世界では manger「食べる」のは生き物だけに限りません。marcher「歩く」も本来は人間の動作だったものが転化して、Ma montre ne marche pas bien.「私の腕時計が動かない」というように使われます。こちらは日本語では使えない表現です。

　動詞 aller「行く」は生き物を主語として用いる動詞ですが、ある事柄が「うまく行ったり」、道が広場まで「行って」いたり、というのは日本語でも同じような発想をしています。しかし、服が「似合って」いたり、「都合がいい」というときに用いる aller はそのまま日本語の「行く」にはあてはまりません。こういうところでもたっぷりと外国語を知る面白さを味わえます。

コラム **6**

社会的グループのことば

日本語では「寒いわ」は女のことば、「寒いぜ」は男のことばというように、話している人がどのような人であるかを、ことばに反映させることがあります。

時に、博士らしき人が「これでわしは大金持ちじゃ。」と言ってみたり、特定のイメージを出すために、あえて方言を用いたりもします。ひよこだって、マンガの世界なら、「ぼくは、ひよこだっぴー。」と話したりもします。こうして、話している人のことばだけで、その人の属性（どんな人であるか）を表しているのです。

フランス語には、このように、特定の社会的グループらしさを表すことばはありますか。

フランス語という言語は、とても抽象度が高いことばで、ある事柄や論理だけをストレートに表す傾向が強いと言われています。そこが日本語とかなり異なるところのようにも思います。

たとえば男性と女性はほとんど同じフランス語を話します。若い人には独自のボキャブラリーや表現がありますが、それはきわめて例外的な場合であって、正式なフランス語として認められるものではありません。書きことばとして定着しているわけではありません。したがって、それが外国語学習者としての私たちの前に現れてくることはまずありません。フランス語はあくまでも性別や年齢、地域を超えて均質なひとつの言語である、という意識がとても強いのです。

けれどもそのいっぽう、俗語的な言い回しはそれなりにあります。ひとつは幼児語で、「おじいさん」はgrand-pèreではなくてpépéになったりします。

大衆的な世界のフランス語にはかなり独特なものがあります。そういう世界を取り上げた映画のせりふなどには俗語が頻出します。それから、フランスでも大ブームの日本の「マンガ」のなかでも俗語がよく使われます。そこでは文法もne…pasのneがありませんし、tu asもt'as, tu esもt'esとなってしまいます。非人称主語のilは省かれて、il y a…はy aとなります。語のレベルでも「お金」はpognonですし、「警官」はflic、「友だち」はpoteです。こういうことば遣いは大衆的ですが、そういうことば遣いしかできないという人はまず存在せず、標準的なフランス語を使うべきときにはモードの切り替えがおこなわれます。

Il y a des amis au café. Tu as de l'argent ?
カフェに友だちがいるんだよ。きみ、お金持ってる？

これが標準的な言い方です。俗語的は言い方はこうなります。

Y a des potes au café. T'as du pognon ?

あらためて、ことばの世界の広さに驚かされます。

設問一覧

§1
①この本は、去年、私が書きました。
②この本は、表紙の色がすてきです。
③あ、人が倒れている。
④「ここに林さんはいますか。」「私が林です。」

§2
①(チョコレートを指して)いくつ食べる?
②「お茶をいれてほしいなあ。」「自分でいれてよ。」
③(田中さんに向かって)これ、田中さんに差し上げます。
④社長、社長はこのプランをどう思われますか。

§3
①(ペンを渡して)それが使いにくかったら、あのペンを使って。
②「蓄音機って知ってる?」「何、それ?」
③「ビートルズのHELP!ってレコードを、まだ持ってるよ。」
「あれは、いいアルバムだよね。」
④昨年一年間で円高が急激に進んだ。この影響で輸出産業が多数倒産した。

§4
①ケーキを買いに行ったが、ひとつしか残っていなかった。
②きみこそ、我が社が求めていた人物だ。
③宿題を忘れて、弟にまで笑われた。
④10人も来た。

§5
①(コンピュータの検索結果)該当する項目は、ひとつも見つかりませんでした。
②「田中さんを見なかった?」「はい、見ませんでした。」
③全員は答えられなかった。
④悲しいから泣いているんじゃありません。嬉しいんです。

§6
①昨日は、5時に起きた。今朝も5時に起きたから、まだ眠い。
②彼は、まだ起きてきていない。
③ぼくの傘、ここにあった!
④彼が来る前から、外に出て待っていた。

§7
①愛しています。
②彼は、二度、北海道に行っている。
③地球温暖化が進む中、氷河が少しずつ溶けつつある。
④「あれ、窓が開いている。」「換気のために開けてあるんだよ。」

§8
①見知らぬ人が話しかけてきた。
②「うちに遊びにおいでよ。」「うん、行く。」
③飛行機が東の空から飛んできた。
④平均株価がじわじわ上がってきた。このまま上がっていくかなあ。

§9
①ぼくたち、大きな魚に食べられちゃうよ。
②日本では、多くの方言が話されている。
③コーチは、試合前に選手たちを走らせた。
④公園で子どもがもっと遊びたがったので、しばらく遊ばせておいた。

§10
①隣の部屋で一晩中騒がれて眠れなかった。
②車を傷つけられて腹が立った。
③兄に数学の問題を教えてもらった。
④久しぶりに雨が降ってくれて、植物が生き返ったようだ。

§11
①倒したんじゃないよ、倒れたんだよ。
②今、建っているビルの横に、もう一棟、同じビルを建てている。
③お茶がはいりましたよ。休憩しましょうか。
④足の骨を折った。

§12
①彼は、1メートルも泳げない。
②この水着は泳ぎやすいね。
③棚の上の荷物に手が届かない。
④一生懸命練習して泳げるようになった。

§13
① 「彼が犯人だ。」「いや、彼は犯人ではないだろう。」
② やっぱり、彼が犯人だそうだよ。
③ (ケーキを見て)わあ、おいしそう。
④ レストランガイドで絶賛されている。この店はおいしいはずだ。

§14
① (立て看板)芝生に入らないこと。
② 少しゆっくり話していただけませんでしょうか。
③ (フリーペーパー)ご自由にお持ちください。
④ 映画を見に行かない?

§15
① きみは、もっと勉強しなければいけない。
② もっと勉強したほうがいいよ。
③ 掃除が終わったら、もう帰ってもいいですよ。
④ 「暖房を消してもいいですか。」「お願いします。」

§16
① 来年こそアメリカに留学しよう。
② 長年の夢だったアメリカ留学を、今年こそかなえるつもりです。
③ おいしいステーキが食べたいなあ。
④ 夫は、テニスのラケットをほしがっている。

§17
① 雨が降るから、傘を持っていきなさい。
② 風邪を引いて学校を休んだ。
③ せっかくケーキを作ったのに、彼は食べてくれなかった。
④ せっかく作ったのに。

§18
① 雨が降れば、お祭りは中止になる。
② デパートに行ったら閉まっていた。
③ お金が十分にあれば、旅行に行くのに。
④ 子どもが寝ている間に、買い物に行ってきました。

§19
① 音楽を聴いている男の人が後ろに立っていた。
② パリに着いた3日後、彼はローマに発った。
③ 彼は、日本語を教えるボランティアをしている。
④ あの本、持ってる? あの、先週、貸してくれるって言ってたやつ。

§20
① 練習問題ができた太郎くんは、先生に見せに行った。
② 赤い帽子をかぶった花子さん、今日はどこへ行くのかな。
③ いつもは成功する山下も、このときは失敗した。
④ まず、この通りをまっすぐ、大きな噴水のある公園まで歩きます。

§21
① 先生がいらっしゃるので、玄関までお出迎えした。
② すみませんが、ちょっと手伝っていただけますか。
③ 父は、今、出かけております。
④ 何言ってやがるんだ。

§22
① 「あら、どちらへお出かけですか。」「ちょっとそこまで。」
② 「コーヒーいかがですか。」「ありがとう。でも、けっこうです。」
③ 「先生、こんな書き方でいいでしょうか。」「けっこうです。」
④ 「今晩、いっぱい飲みませんか。」「今晩はちょっと...」

§23
① これ、林さんの財布だね?
② 「寒いわ。」「寒いね。」
③ 小包が届いてる。うちのだんな、また本を買ったんだ。
④ 彼女のスープは、なんておいしいんだ。

§24
① ぼくらは、長い航海の末、ついに見つけたんだ。宝の島を。
② これですよ、これ。私が探していた物は。
③ 彼女は、小鳥のように高い声をしている。
④ 人間によって痛めつけられた地球が、痛いとうめいている。

著者略歴
佐藤 康（さとう やすし）
1961 年生まれ。学習院大学博士後期課程満期退学。現在、学習院大学や NHK 学園で講師を務める。元 NHK「テレビでフランス語」講師。
主要著書
『フランス語のしくみ』（白水社）
『しっかり身につくフランス語トレーニングブック』（ベレ出版）
『しっかり学ぶフランス語文法』（ベレ出版）
『フランス語会話パーフェクトブック』（ベレ出版）

山田 敏弘（やまだ としひろ）
1965 年生まれ。大阪大学大学院博士課程後期課程単位取得満期退学、博士（文学・大阪大学）。現在、岐阜大学准教授。
主要著書
『日本語のしくみ』（白水社）
『国語教師が知っておきたい日本語文法』（くろしお出版）
『初級を教える人のための日本語文法ハンドブック』（共著、スリーエーネットワーク）
『中上級を教える人のための日本語文法ハンドブック』（共著、スリーエーネットワーク）

日本語から考える！ フランス語の表現

2011 年 3 月 30 日　第 1 刷発行
2012 年 1 月 20 日　第 2 刷発行

著　者 ⓒ　佐　藤　　　康
　　　　　山　田　敏　弘
発行者　　及　川　直　志
印刷所　　株式会社ルナテック

発行所
101-0052 東京都千代田区神田小川町 3 の 24
電話 03-3291-7811（営業部）、7821（編集部）
http://www.hakusuisha.co.jp
株式会社 白水社
乱丁・落丁本は、送料小社負担にてお取り替えいたします。

振替　00190-5-33228　　Printed in Japan　加瀬製本
ISBN978-4-560-08557-8

Ⓡ〈日本複写権センター委託出版物〉
本書の全部または一部を無断で複写複製（コピー）することは、著作権法上での例外を除き、禁じられています。本書からの複写を希望される場合は、日本複写権センター（03-3401-2382）にご連絡ください。

▷本書のスキャン、デジタル化等の無断複製は著作権法上での例外を除き禁じられています。本書を代行業者等の第三者に依頼してスキャンやデジタル化することはたとえ個人や家庭内での利用であっても著作権法上認められていません。

■山田博志／フランク・ヴィラン 著

1からはじめる
フランス語作文

作文に必要なのは正確な文法知識と表現パターンのストックです．本書はまず作文の観点から文法を復習，次に表現法の練習を重ねてフランス語で書くためのしっかりした基礎を築きます．　A5判　224頁

■松原秀治／松原秀一 著

フランス語らしく書く
◎仏作文の考え方◎

第1部でやさしい文章の仏訳を試みながら文法知識を再整理し，作文の考え方の要点を学びます．第2部では，日仏語の文体の比較から，フランス語文体の特徴を分析し，その発想法を検証します．　四六判　230頁

■中村敦子 著

15日間 フランス文法
おさらい帳

文法はひととおり終えたけど，いまひとつ自信がない——そんなあなたにぴったりのドリル式問題集．苦手項目がわかるので，ポイント学習すれば着実に実力アップ！　仏検直前対策にも最適です．　A5判　155頁

■山田敏弘 著

日本語のしくみ

ふだん使っている日本語も，いざ説明しようとすると，なかなか難しい．日本語を教える予定のある人もない人もそのしくみを見つめ直してみませんか．外国語学習にも有益な一冊です．　B6変型　144頁【シングルCD付】